Florent BADOU

I0123299

Avant j'étais accro au porno

La méthode pour arrêter la pornographie

Cet ouvrage se prolonge sur le site stopporn.fr

ISBN : 978-2-9553766-0-7 – 1re publication

SOMMAIRE

PRÉFACE

C'est pour moi un privilège et une triple joie de préfacer le livre de Florent Badou : « Avant j'étais accro au porno. La méthode pour arrêter la pornographie ». D'abord comme psychiatre thérapeute des addictions, ensuite comme enseignant et enfin comme chercheur.

Florent Badou est une personne réelle. Je l'ai rencontré. C'est une personne qui présente une histoire qui lui est propre, et en même temps, comme chacun de nous, générale, universelle. Comme cela peut arriver à tous, Florent Badou s'est retrouvé, à un moment donné, victime d'une maladie durable et invalidante : l'addiction. Dans son cas particulier, une addiction à la pornographie. C'est une souffrance extrême, méconnue du public et parfois des professionnels de santé non spécialisés. Le désarroi est indicible. C'est-à-dire que la plupart des personnes ne savent pas comment dire leur souffrance. Ne trouvent pas les mots pour dire ce qui leur arrive tellement l'expérience de l'addiction est étrange. C'est d'autant plus dramatique, que parfois, souvent, l'entourage ne la voit pas, cette souffrance. Ce n'est pas le cas de Florent Badou. C'est une chance pour nous tous. Il sait trouver les mots, communiquer avec les moyens d'aujourd'hui et ainsi partager son expérience. Florent Badou a pu accéder à des informations et s'appuyer sur des ressources, notamment dans son entourage, qui lui ont permis de traiter cette addiction. Ainsi, aujourd'hui il est en rémission durable et stable. Cela ne veut pas dire qu'il ne peut plus rechuter, mais de moins en moins, et si cela arrive, il ne se laisse pas prendre. Comme un certain nombre des personnes qui traitent leur addiction, seules ou avec une prise en charge thérapeutique professionnelle, il a eu envie d'aider les autres personnes victimes de cette maladie ineffable. Très peu de personnes peuvent cependant concrétiser cette volonté d'aider les autres une fois soulagés. Florent Badou a pu le faire en créant un site dédié (stopporn.fr) et en écrivant ce livre, issu de son expérience. Ce livre est donc une ressource d'informations et d'aides pour les personnes victimes d'addiction à la pornographie, ainsi que leur entourage, victimes collatérales souvent oubliées. C'est aussi une ressource qu'un thérapeute professionnel des addictions peut partager avec les personnes qui viennent le solliciter pour elles-mêmes ou un proche.

Le livre se présente comme une « méthode pour arrêter ». Il se lit sans difficulté, en une fois, ou par chapitre et contient des exercices pratiques. Il apporte des informations, des témoignages, une aide concrète au changement, à l'arrêt. Plus exactement, une aide à ne pas reprendre, ne pas rechuter. Pouvoir agir sur le phénomène involontaire de la rechute. Voilà l'enjeu. Toujours recherché avec ardeur par les personnes victimes d'addiction. Mais l'expérience à laquelle elles sont confrontées leur montre que c'est impossible. Expérience désespérante. Avant de pouvoir résoudre un problème, il est important de le caractériser. C'est là, pour un enseignant d'addictologie, un aspect remarquable du livre de Florent Badou, lorsqu'il décrit l'addiction à partir de son expérience. C'est très éclairant, et je recommande vivement cette lecture aux professionnels en formation. En effet, il décrit très bien l'anomalie caractéristique de l'addiction, qui se traduit par une expérience déroutante et incompréhensible pour l'entourage (familial, intime, amical, professionnel, et la société en général). En effet, dans l'addiction, la possibilité de pouvoir contrôler une source de gratification est perdue. Cela se traduit par la volonté farouche de la personne qui en est victime d'arrêter, de suspendre l'usage, et en même temps, l'impossibilité de le faire par le simple contrôle volontaire, comme chacun peut le faire en l'absence d'addiction. À cet égard, Florent Badou décrit très bien avec la notion de « zombie », une véritable expérience de dissociation ou de dédoublement qui permet d'appréhender le désespoir des personnes victimes d'addictions. C'est cela qui est décrit techniquement dans nos ouvrages médicaux. Mais là, c'est décrit avec un vécu très parlant et accessible.

Ce livre est donc une méthode. Là aussi, il est remarquable, car il décrit très bien un élément fondamental de la prise en charge thérapeutique professionnelle de l'addiction. Il s'agit en effet de pouvoir introduire du contrôle, alors que cela n'est pas possible pour la personne. Cela implique donc de pouvoir s'appuyer sur des systèmes de contrôle externe. Ces systèmes de contrôle externe, librement mis en place avec la personne victime de l'addiction, sont une nécessité pratique pour la mise en place à plus long terme d'un contrôle interne opérationnel, propre à la personne. Dans le cas particulier de l'addiction à la pornographie, le livre de Florent Badou apporte des conseils, des suggestions et des méthodes très pratiques et accessibles. Chacun doit pouvoir trouver ce qui lui est adapté dans son cas particulier. Cet intérêt thérapeutique du contrôle externe est source de beaucoup de controverses et de disputes surprenantes parmi les professionnels des addictions. Ces controverses sont aux dépens des personnes victimes d'addiction. L'enjeu thérapeutique, donc libératoire, est très bien décrit. La liberté induite par le contrôle externe librement consenti est une des bases de l'action thérapeutique au long cours.

Enfin, dernier point remarquable : la question des similitudes et des différences entre les différentes addictions. Addiction ou addictions ? Là aussi, l'expérience rapportée est instructive et frappante. Florent Badou décrit bien comment il est possible de passer d'une addiction à l'autre. Ce qui plaide pour une similitude importante entre les addictions sinon pour une unicité de l'addiction. D'ailleurs, pour presque tous les chapitres du livre, il est possible de remplacer « pornographie » par « aliments », ou « jeux d'argent », ou « alcool », ou « tabac », ou « cannabis », ou « héroïne » (…) et le chapitre reste cohérent, compréhensible, utile, vrai.

Vous pensez que j'exagère et que l'enseignant et le thérapeute se laissent déborder par la passion du chercheur qui hallucine ses hypothèses ? Essayez : vous serez surpris !

Marc Auriacombe, le 30 juin 2015.

Professeur de psychiatrie et addictologie,
Université de Bordeaux, Bordeaux (France)
et Université de Pennsylvanie, Philadelphie (USA).

Sanpsy CNRS USR 3413,
Pôle Addictologie, CH Ch. Perrens et CHU de Bordeaux.

AVANT-PROPOS

J'ai été accro à la pornographie et la masturbation pendant quinze ans. J'ai terriblement souffert de cette addiction. Aujourd'hui, je m'en suis libéré. Lorsque j'ai pris conscience de l'ampleur du problème, c'est-à-dire du nombre de personnes concernées par cette dépendance et de leur souffrance, j'ai eu envie de partager avec elles les moyens qui m'ont permis de m'en sortir.

Je n'écris pas ces lignes pour m'exhiber ou confesser quoi que ce soit. J'ai rédigé le livre que j'aurais voulu lire lorsque j'étais addict à la pornographie et à la masturbation. Il est d'abord le fruit de mon expérience car je ne pense pas que les diplômes soient nécessaires pour parler de ce qu'on a vécu. Je ne suis ni sociologue, ni psychologue, ni addictologue, je suis simplement un homme qui est passé de plusieurs pornos et masturbations par jour à zéro.

Je suis convaincu que la méthode qui a fonctionné pour moi peut fonctionner pour vous. Lorsque j'ai lancé mon site internet[1] sur le sujet, j'ai reçu de nombreux té-moignages d'hommes et de femmes qui m'ont confié leur souffrance, mais aussi leur soulagement et leur reconnais-sance de trouver enfin une solution au problème de l'addiction à la pornographie. Tous ces échanges m'ont incité à coucher sur le papier de façon claire et accessible mon approche pour s'en sortir.

Je suis un homme hétérosexuel et en couple qui a été accro au porno (le « sexe virtuel »). On ne parle bien que de ce que l'on connaît. Pourtant, je suis intimement per-suadé que ma méthode conviendra aussi (modulo quelques adaptations) à des femmes, des homos, des ac-cros au sexe, etc. Bref, à tout public qui a un problème de dépendance lié à la sexualité. Les mécanismes pour s'en sortir sont quasi similaires entre les hommes et les femmes, entre les hétéros et les homos. L'addiction au sexe réel s'installe dans la plupart des cas sur une base de dépendance au sexe virtuel qui est ensuite remplacée par (ou à laquelle vient s'ajouter) une multiplication à ou-trance des partenaires. Ma méthode peut donc aussi porter du fruit chez ces *sex-addicts*.

Les écrits sur l'addiction à la pornographie et au sexe sont de plus en plus nombreux. Les discours du type : « La pornographie c'est merveilleux, c'est libératoire » sont petit à petit en train de prendre du plomb dans l'aile.

Une partie des membres de la classe scientifique remet en cause l'existence de la porno-dépendance qu'elle af-firme être confondue avec les usages excessifs. Ces spécialistes ont peut-être raison, mais finalement peu im-porte en ce qui me concerne, en ce qui vous concerne. Je

---

[1] Stopporn.fr.

crois profondément aux choix personnels. Si vous constatez que vous avez du mal à vous défaire de la pornographie alors que vous le voulez vraiment, qu'est-ce que cela peut vous faire que cette addiction existe ou non ? Nous le verrons, ce qui importe surtout, c'est de ne pas nier votre souffrance, votre calvaire. Ce ne sont pas ceux qui vous incitent à continuer sans vous poser de questions qui en subiront les conséquences. Rappelez-vous : en matière de choix personnels, les conseilleurs ne sont pas les payeurs !

Dans ces pages, j'évoquerai des problèmes graves comme la dépression, l'échec, le chômage et qui sont potentiellement à l'origine de la consommation de pornographie. Le sevrage ne fera pas revenir l'être aimé, ne renflouera pas vos finances, bref ne résoudra pas tous vos soucis. Je vous invite par conséquent à sérier les problèmes et à ne pas forcément vous battre sur tous les fronts en même temps. Et surtout, vous le verrez, à ne pas vous battre seul ! Soyez patient et humble. J'ai mis du temps à arriver au zéro porno, zéro masturbation. La dépendance affaiblit la volonté, mais, par des moyens concrets, vous allez pouvoir éteindre le feu de votre addiction et ranimer votre volonté. Lorsque nous sommes impuissants à traiter un problème, nous avons toujours le choix de réagir en ne nous laissant pas aller et en choisissant de petits moyens pour lutter contre lui. Le vrai courage ne consiste pas à attendre passivement le bonheur, mais à réagir et continuer à avancer, un pas après l'autre, malgré les difficultés.

Si vous ne changez rien à votre vie quotidienne, il est normal de ne pas réussir à vous en sortir. Chaque partie de ce livre est conclue par des exercices pratiques qui vont vous permettre de trouver les moyens qui vous sont adaptés. Faites-les sérieusement, si possible par écrit, pourquoi pas en annotant ce livre, avec honnêteté et surtout, faites-les pour vous.

Je voudrais aussi vous avertir du caractère cru de certaines formules : j'ai d'abord écrit à destination des addicts à la pornographie. C'est à vous, porno-dépendants, que je m'adresse. Il faut connaître ce que l'on combat, ne pas avoir peur des termes, ne pas avoir peur d'être précis[2].

S'il peut être (re)lu d'une traite, ce livre est aussi un aide-mémoire. N'hésitez pas à l'ouvrir de temps en temps, à reprendre les questions des exercices pour voir comment vos réponses ont évolué. C'est d'abord une incitation à la réflexion, un tremplin vers d'autres sujets.

Ce qui est beau est difficile.

Ce qui est difficile n'est pas impossible.

---

[2] Si ce n'est les prénoms cités qui ont été changés.

1 LA PORNOGRAPHIE :
L'ÎLE DE LA TENTATION

> « La pornographie, on a du mal à la définir,
> mais dès qu'on la voit, on la reconnaît tout de suite. »
> Pierre Desproges

En quoi cela va vous aider

Comprendre ce qu'est la pornographie n'est pas du temps perdu : faire les choses par principe est voué à l'échec. De même que la prohiber n'est pas une solution viable, se l'interdire pour des raisons morales ou religieuses extérieures à soi, que l'on n'a pas faites siennes, ne marchera jamais. Il vous faut comprendre pourquoi, vous, personnellement, vous avez la volonté d'en finir avec tel ou tel aspect de la pornographie. Rappelez-vous Pinocchio sur l'île des plaisirs : c'est lorsqu'il prend conscience de ce qu'est cette île et de ce qu'il est en train de devenir qu'il parvient finalement à s'échapper.

Je vous propose donc, pour commencer, de découvrir

la réalité de la pornographie puis de procéder à une relecture du chemin que vous avez parcouru avec elle depuis votre enfance ou votre adolescence.

Ce que c'est

La pornographie, on en parle beaucoup, on en voit beaucoup, mais finalement, où commence-t-elle, où s'arrête-t-elle ? Malheureusement, je ne pourrai répondre qu'à la première question. Je ne sais pas, et ne veux pas savoir où elle s'arrête, car je sais déjà qu'elle peut aller très loin. Trop loin. En revanche, je vous dirai comment on arrête d'en consommer, ça oui, vous pouvez compter là-dessus.

Mais déjà, où commence-t-elle ? Ce terme vient du grec *pornographos* : *pórnê* désigne la prostituée et *grápho* le fait de dépeindre. Étymologiquement, la pornographie est donc la peinture d'une relation sexuelle tarifée, sans sentiments. Comme pour la prostitution, il s'agit pour une personne – acteur ou actrice pornographique – d'être payée pour avoir une relation sexuelle. Aujourd'hui son sens est plus large. Elle est une image d'un acte sexuel et a pour finalité l'orgasme. Lorsque vous vous procurez un de ces supports, ou qu'il vous tombe dessus fortuitement, il éveille une pulsion qui vous procure du plaisir. Comme l'écrit le journaliste Xavier Delaporte : l'immense trafic dédié à la pornographie sur le Web « manifeste une volonté commune, gigantesque, internationale, qui transcende les genres, les âges et les cultures : se masturber »[3]. Tout comme la prostitution, l'aboutissement de la pornographie, c'est l'orgasme.

---

[3] Xavier Delaporte dans l'émission de France Culture *Ce qui nous arrive sur la toile* du 25/04/2014.

On fait beaucoup de distinctions entre l'érotique, le charme, le *soft* ou le *hard core*, mais malheureusement, ces distinctions sont inutiles pour le porno-dépendant. Tout support masturbatoire visuel qui provoque la masturbation compulsive[4] peut être vécu comme un support pornographique quand on est addict[5]. En fait, pour celui qui n'arrive pas à réduire ou stopper sa consommation de pornographie par sa volonté, tout ce qui mène à la masturbation fantasmatique est à assimiler à une forme de pornographie. C'est la réciproque excessive de ce qu'affirmait Tiffany Hopkins interviewée sur Technikart en 2007 alors qu'elle quitte le milieu du X : « La pornographie est avant tout un objet de divertissement qui a pour finalité la masturbation. »

In abstracto, il convient toutefois de bien distinguer d'une part la pornographie explicite qui montre des scènes de sexe sans aucun emballage, mécaniques, bestiales, dont les dialogues se réduisent à de longues séries d'onomatopées ; et, d'autre part, une pornographie par destination qui produit les mêmes effets que la pornographie chez une personne qui en est devenue esclave. Un tableau de nu, un poème érotique, la photo d'une équipe de *beach-volley*, un objet... Tout ce qui, à la base, n'est pas conçu pour l'auto-érotisme, mais peut être utilisé à cette fin.

Toutes ces réalités sont intimement enchevêtrées et forment un tout pour un accro à la pornographie. En résumé, un support peut être vécu comme pornographique en raison de son utilisation. Je donne bien sûr, dans le

---

4 Par compulsive, j'entends « non voulue au départ », au hasard d'une lecture, d'un site et n'importe quand (éventuellement aussi n'importe où).

5 J'expliquerai cette idée au chapitre suivant.

cadre de l'addiction au X, une interprétation élargie de la pornographie qui habituellement se définit plutôt, j'en conviens, par du sexe explicite. Par exemple, un aspirateur, une carotte ou un oreiller ne sont pas des objets pornographiques ! Pourtant, ils peuvent le devenir s'ils sont utilisés pour satisfaire la compulsion[6]. Cette idée subjective de la pornographie pourra vous surprendre. Elle aide cependant à y voir clair quand on cherche à sortir de l'addiction sans y parvenir : user de supports pornos par destination ramène toujours à la pornographie explicite.

Mais revenons à notre propos principal sur la pornographie qui montre tout. Montrer du sexe en image ne date pas d'hier, on en trouve déjà dans l'Antiquité. Les représentations qui en sont faites alors n'ont souvent rien à envier à nos films modernes. Seulement, depuis la démocratisation d'Internet, les quantités et le réalisme ne sont plus les mêmes. La rapidité du développement des nouvelles technologies ne permet d'ailleurs pas de dire ce que sera le porno de demain : de la réalité augmentée, du tchat sensoriel ? Qui sait ?

Toujours est-il qu'il est devenu une industrie, ou plutôt, deux industries. D'un côté, l'industrie audiovisuelle classique du porno qui distribue des films, des revues… et de l'autre, l'industrie 2.0 qui distribue gratuitement à qui veut sur les sites de streaming, sur les réseaux sociaux… Celle-ci est aussi composée d'amateurs : il est désormais à la portée de tous d'uploader une *sex-tape* artisanale sur des sites dédiés. Encore une fois, nul besoin de distinguer les deux pour comprendre le phénomène.

---

[6] Dans *Les Garçons et Guillaume, à table !* sorti en 2013, écrit, réalisé et joué par Guillaume Gallienne, le passage où des lycéens se masturbent dans le dortoir avec des oreillers en est une illustration.

La classification X n'a, de fait, plus de sens. Elle avait été créée sous Valéry Giscard d'Estaing dans les années 70 pour catégoriser les films les plus violents et les exclure des subventions publiques. Les salles de projection de films X ont fermé progressivement. Les films classés ainsi se sont déplacés vers les VHS puis les DVD et enfin sur Internet et les smartphones. Depuis 1996, un seul film a été classé ainsi. Désormais c'est la simple interdiction aux moins de 18 ans, aux moins de 16 ans, etc. qui est utilisée.

Le règne du trop, le règne du faux

Aujourd'hui, la vieille industrie classique est mise à mal par le porno 2.0 et lutterait pour s'en sortir[7]. Si l'on en croit Internet, le porno en général est extrêmement lucratif. Il est difficile d'obtenir des données précises sur le chiffre d'affaires du X : les sites de diffusion de vidéos – les fameux *tubes* – refusent de communiquer sur l'argent qu'ils dégagent. Une des raisons serait qu'ils ne sont pas très regardants sur les droits d'auteurs. Une partie du contenu qui y est disponible est piraté de l'industrie classique. Les images dites « amateurs » sont d'origine douteuse. Un ancien porno-dépendant témoigne : « Je me suis mis à prendre ma femme en photos puis en vidéos. Je la rassurais en lui disant que personne d'autre que moi ne les voyait. […] Mais en fait, ce qui m'attirait le plus c'était de l'exhiber et de voir, de lire, d'entendre d'autres hommes s'exciter sur elle et de faire de même avec les leurs. »[8] Tous ces *tubes* tirent leurs revenus de la publicité et du

---

[7] TIMOTHY STENOVEC, *Free Pornography Continues to be a Problem for the Porn Industry*, The Huffington Post, le 04/10/2013.

[8] PAUL B., *Porno-dépendant, je regardais des vidéos X tous les jours : ça a détruit ma sexualité*, Le Plus de l'Obs, le 03/01/2014.

nombre de vues par vidéo, par contre les producteurs du contenu piraté, eux, ne gagnent rien.

Sur Internet, les quantités de données visionnées sont titanesques[9] et les statistiques sur le sujet sont rares, car elles évoluent vite. On parlait, en 2012, de plus de 100TB de données sur le YouTube du porno qui servait alors 4000 pages par secondes[10]. Si l'on rapporte ça au mois et qu'on multiplie par le nombre de *tubes*, les chiffres tendent vers l'infini. Ce même site draine à lui seul plus de trafic que Netflix, Amazon et Twitter réunis[11]. Il est donc clair que l'industrie du porno n'est pas le fait de petits artisans locaux défenseurs du bio et de l'authentique. C'est une vraie machine de guerre, un ensemble de multinationales riches comme cent Crésus. Parmi elles, on peut citer Mindgeek, société implantée au Luxembourg, qui reçoit sur ses serveurs 80 millions de visiteurs journaliers, ce qui représente 3 milliards de publicités ciblées par jour[12]. Une chose est sûre : le sperme est un nouvel or blanc.

Elle est loin la pornographie qui cherchait à libérer l'homme d'une morale dont Rimbaud disait qu'elle est la faiblesse de la cervelle. La libéralisation sexuelle est venue avec le libéralisme économique. La notion de sexe « libéré » a fait place au sexe « libéral ». L'argent qui se reproduit avec lui-même est le moteur du porno. Le con-

---

[9] Et je ne parle pas de la télévision câblée qui fait aussi du profit avec le porno comme la société DirecTV rachetée à General Motors par AT&T.

[10] SEBASTIAN ANTHONY, *Just how big are porn sites?*, Extremetech.com, le 04/04/2012.

[11] *Porn Sites Get More Visitors Each Month Than Netflix, Amazon And Twitter Combined*, The Huffington Post, le 05/04/2013.

[12] Mindgeek.com.

sommateur n'est pas un être, mais une somme d'avoirs[13]. Il est servi en prêt-à-porter, en prêt-à-penser, en prêt-à-emporter. Si cela peut parfois s'avérer pratique, c'est souvent dramatique. Et c'est valable aussi pour le sexe.

Le porno, ne l'oublions pas, c'est du cinéma, du faux. Les actrices sont bien évidemment maquillées, mais le sperme est lui aussi exagéré : il est gonflé pour amplifier le sentiment de virilité lié à l'éjaculation. Pour cela, diverses recettes sont utilisées comme des mélanges de blanc d'œuf et de lait concentré sucré ou bien de l'eau et de la méthylcellulose couramment utilisée dans la fabrication de peintures. Les acteurs sont parfois anesthésiés localement à l'aide de sprays pour éviter la douleur et dilater l'anneau et la paroi anale. Des problèmes de santé sont nombreux : hémorroïdes et fissures du canal anal liées aux sodomies à gogo et aux trop nombreux lavements, des IST et MST en tout genre[14]. D'anciennes actrices qui ont connu leur heure de gloire dans le X évoquent aussi parfois des difficultés à trouver un compagnon stable par la suite, car elles font « peur aux hommes »[15].

Ça, c'est pour le porno professionnel. Maintenant, comme je l'ai rappelé plus haut, il existe un gros filon de porno amateur et de *revenge-porn* (quand les « ex » balancent sur Internet leurs vieilles *sex-tapes*). Il est même

---

[13] JEAN-PAUL BRIGHELLI, *La Société pornographique*, François Bourin Éditeur, avril 2012, p. 14. Ce livre est un délicieux pamphlet contre la pornographie et pour un retour en grâce de l'érotisme. Malheureusement, je ne saurais le conseiller à un accro tant il comporte de passages immersifs dans la pornographie.

[14] De nombreux témoignages d'ex pornstars sur le site Shelleylubben.com.

[15] Voir sur Internet le témoignage de Vanessa Belmond mais aussi l'interview d'Angell Summers dans l'Écho Républicain (*La chartraine Angell Summers arrête le porno pour devenir coach sexuel*, janvier 2014).

désormais possible de se mettre en scène soi-même dans des contenus pornographiques au risque d'être reconnu par ses voisins. Dans ces scènes, tout n'est pas du jeu d'acteur (voire rien du tout).

Pour défendre le porno, ses fervents partisans vous diront qu'il ne faut pas généraliser et dénigreront le *mainstream* – le porno grand public, regardé par la masse – en expliquant qu'il ne représente pas la totalité du contenu pornographique. Pourtant, c'est la majorité du matériel pornographique visionné dans le monde. Ce type de vidéos, c'est le tout-venant : par exemple, un homme et une femme « chaudasse » prête à tout pour celui qui la « prend ». Il uniformise les désirs, malgré l'apparente variété des *tags*[16] qu'on y trouve. Alors, même s'il existe quelques rares exceptions, il n'est pas interdit de constater un phénomène objectif et d'en tirer des conclusions.

Ainsi, par exemple, la pornographie est largement sexiste. Elle chosifie les êtres humains en supprimant le lien social qu'est le regard ou en ne le tournant que vers les parties génitales. Elle est aussi tout à fait phallo-centré. Les professionnels en viennent à se demander s'il est possible et rentable de produire des pornos pour femmes à grande échelle. C'est pour dire !

Le fantasme, moteur du porno

Désir et fantasme sont souvent confondus. La différence est pourtant essentielle. Le désir est le moteur de la vie sexuelle. Il peut être inconscient (je tends vers un objet) ou conscient (je prends conscience de cette tendance).

Le fantasme est une production de l'imagination par

---

[16] Mots clés qui décrivent les catégories de vidéos pornographiques.

laquelle le moi cherche à échapper à l'emprise de la réalité. Le fantasme est une fuite, vous aimeriez le voir se réaliser, cependant votre conscience vous le refuse. Vous avez peur de ne pas pouvoir l'assumer dans la vraie vie. Cela peut être pour des raisons morales, religieuses, logistiques, ou simplement le fruit de votre volonté. C'est de l'ordre du rêve, de l'inaccessible. De plus, le fantasme s'il se réalise, perd par définition son caractère fantasmatique puisqu'il se concrétise.

Comprendre cela est très important, car la pornographie vous amène à visionner des images que la volonté vous refuse. Des scènes, des situations que vous ne souhaiteriez ni à vous-même ni à vos proches, et qui pourtant vous excitent, vous font fantasmer. Je ne suis pas là pour condamner tel ou tel fantasme (qui ne serait pas de l'ordre du délit), mais pour alerter sur les pertes de volonté et les non-choix de faiblesse. L'idée n'est pas de vous laisser guider par des principes, mais de mener une vraie réflexion. Si vous arrivez à vous imaginer réellement en train de pratiquer l'objet de ce que vous croyez être un fantasme sans honte ou gêne, si rationnellement, cela ne pose pas de problèmes pour votre bonheur et celui des autres, c'est un désir et non un fantasme. Mais réfléchissez-y à deux fois. Le fantasme sous le coup de la pulsion peut aussi devenir une réalité. C'est pour cela qu'il convient de contrôler ses pulsions : pour éviter d'avoir à le regretter une fois les hormones apaisées.

Intéressons-nous maintenant à une autre différence fondamentale : celle entre érotisme et pornographie. Celle-ci prend le masque de celui-là. Les auteurs érotiques ne sont d'ailleurs pas toujours pro-porno. Malgré le fait qu'il puisse être pornographique par destination, érotique n'est pas pornographique. Il suggère, il éveille les sens de manière douce, sans brutalité, sans bestialité. Un baiser peut être érotique, une caresse peut être érotique sans toucher les parties génitales ! Prenez par exemple le magnifique tableau de Gustav Klimt : « le Baiser ». Cette œuvre est érotique selon ma sensibilité, pas du tout pornographique.

L'addiction à la pornographie aliène l'utilisation de l'imaginaire érotique qui est une composante essentielle de la sexualité. J'ai défini la pornographie en écrivant qu'un objet érotique, par exemple, pouvait être pornographique par destination. La pornographie écrase l'érotisme et pour celui qui ne consomme plus qu'elle, il devient terriblement difficile de bien distinguer les deux. Ce serait comme demander à un alcoolique abstinent de venir animer un cours d'œnologie. Il évitera le *bindge drinking*, mais aussi les cours d'œnologie. Bref, c'est l'utilisation qui est pornographique : on le réduit à l'excitation mécanique qu'il peut procurer. Pourtant, la différence entre érotique et pornographique est capitale : « l'érotisme est un art, la pornographie est une industrie »[17]. Il ne s'agirait pas de mettre tout le monde dans le même panier, ce que faisait la pudibonderie d'avant le XXᵉ siècle qui condamnait toute forme d'érotisme ou de discours sur la sexualité. C'est aussi ce qui a conduit à la révolution sexuelle et la « Terreur » associée dont nous subissons les conséquences actuellement.

Comment on y vient

C'est une erreur de se dire que ceux qui regardent de la pornographie sont des pervers. Je crois que cette époque

---

[17] JEAN-PAUL BRIGHELLI, *La Société pornographique*, p. 33 *op. cit.* note n° 13 p. 21.

est révolue. Internet étant tellement démocratisé, la question n'est plus de savoir *si* un jour on sera confronté au porno, mais plutôt *quand*.

Une autre une erreur est de penser que l'on s'y met toujours par choix. La plupart du temps, la première fois, on visionne de manière quasi involontaire ou sous l'influence d'un groupe (ce qui est un non-choix), sans s'attendre en tout cas à ce que l'on va voir. Si ce n'est pas un copain de collège qui vous a donné un CD-ROM de jeux vidéo avec des images de fesses, c'est une cassette qui a continué d'enregistrer après un film du soir ou bien les fameuses publicités dont jamais personne ne sait comment elles ont atterri sur l'ordinateur.

Cette rencontre avec le sexe en image a lieu d'ordinaire au moment de l'adolescence. Les sens sont en ébullition. Le bas ventre titille. L'autre attire. L'ado recherche du sens, questionne ses repères ayant besoin de sécurité. De ce fait, il est en demande d'informations sur ce qui se passe en lui, sur sa sexualité. Ces informations, soit les adultes les lui voilent ou les lui refusent ou bien au contraire, gênés par ces questions ils n'exposent que la technique, sans expliquer le sens. Ainsi, nos ados s'en vont en quête et explorent toutes les pistes : les copains, Internet[18] et notamment la pornographie. Les avis sont partagés quant à leur capacité à faire la distinction entre réalité et pornographie. Des pédopsychiatres diront qu'ils les distinguent très bien et qu'ils connaissent le jeu d'acteur qu'ils ont sous les yeux, l'artificiel, le faux. Je suis d'avis que globalement, ils en ont conscience, mais que ces images tintent inévitablement la conception incons-

[18] Ce n'est pas pour rien que le site web / réseau social ask.fm fait un carton auprès des ados !

ciente de la sexualité : « Ces contenus, créés principalement par des hommes, influencent les ados, sur leur vision des rôles masculins et féminins dans la sexualité. »[19]

Ils ont peur de l'anormalité et recherchent au contraire la normalité qu'ils croient trouver dans la pornographie. « Tout le monde » en regarde, surtout les garçons. Tantôt ils veulent découvrir ce qu'ils peuvent faire avec leur membre : ils « aiment bien la pornographie. C'est un moyen pour eux "d'avoir plus d'expérience". »[20] Tantôt ils y trouvent une manière d'évacuer la frustration liée à la timidité. Avec le porno nul besoin de connaître l'autre ou de séduire, pas de jugement, pas de prise de risque, « Venez comme vous êtes » dit le slogan[21].

Ensuite, et c'est valable également après l'adolescence, la pornographie exhibe ce qui est de l'ordre de l'intime. Elle est la cible de toutes les curiosités. Qu'est-ce qui existe, qu'est-il possible de faire ? C'est cette curiosité parfois malsaine qui vous amène à découvrir des pratiques que vous auriez souhaité ne jamais connaître. Cela participe à l'escalade dont il sera question au chapitre suivant.

Pourquoi chercher à arrêter ?

Je l'ai dit, le gros du sexe virtuel est misogyne, sexiste et machiste. Il véhicule une image dégradante de la femme et de l'homme. Les femmes sont toujours et immédiatement disponibles, parfaitement épilées, sensuelles

---

[19] Erika Lust, réalisatrice de porno, Les Inrocks, décembre 2014.

[20] Valérie 16 ans, cité *in* MICHELA MARZANO et CLAUDE ROZIER, *Alice au Pays du Porno*, éditions Ramsay, janvier 2005, p. 29.

[21] Ce slogan de la campagne de pub de McDonald's s'appliquerait bien, il me semble, aux sites pornos : tout le monde est concerné sans distinction de classe sociale, de sexe, d'orientation sexuelle…

et entreprenantes. Or une femme n'est pas toujours disponible, a besoin de temps et n'a pas forcément envie d'être « prise » dans un coin. Cette dernière expression souligne d'ailleurs bien l'aspect consumériste de la pornographie. Quant à l'homme, il est réduit à un porte-sexe. Et ces images font fantasmer.

Le porno « objectise » l'autre en effaçant tout ce qu'il y a avant et après l'acte. Seule la pénétration compte, qu'elle soit anale, buccale ou vaginale. C'est la personne pénétrée qui est essentiellement visée par les images, par les gros plans. Les visages sont des accessoires qui servent les organes sexuels. Combien d'hommes disent des femmes qu'elles sont là pour satisfaire leur conjoint ? Combien de fois entend-on, même auprès de la police[22], que les femmes violées l'ont cherché ? Cette façon de présenter les choses est monnaie courante dans la publicité, la presse. Cette chosification est déjà un premier pas dans la violence. Elle est poussée à son paroxysme avec le porno.

Le Net regorge de tags d'une incroyable violence. Régulièrement, des *tubes* porno ayant pignon sur rue dressent les tops 10 des tags les plus vus par pays. Dans ces classements se trouve « *pain* » (« douleur » en anglais), « *classic forced sex* », « sexe entre père et fille », et j'en passe… Et ce dans toutes les parties du monde, même dans des pays où visionner de la pornographie est passible de lourdes peines de prison[23].

---

[22] Selon un porte-parole de la police Hongroise « C'est souvent la coquetterie des jeunes femmes qui déclenche la violence », *Violée ? Fallait pas sortir en boîte, dit la police hongroise*, Libération, novembre 2014.

[23] En Irak par exemple, jusqu'à deux ans de prison. Jusqu'à cinq ans en Ukraine, et en Iran, c'est carrément la peine de mort pour les producteurs. Source : Streetpress.com.

Sur stopporn.fr, je peux connaître certains des mots-clés que les internautes tapent dans les moteurs de recherche pour accéder au site. C'est effarant d'imaginer des individus rechercher des contenus avec les termes « gay violé porno », « porno violent », et cette liste sinistre est loin d'être exhaustive…

Toute cette violence et cette disponibilité sans faille, le tout, tout de suite, laissent une image fausse de la relation sexuelle. Pour être saine, celle-ci doit a minima être empreinte de complicité, si ce n'est d'amour[24]. Elle peut être une distraction, un bon moment en toute simplicité et sans chichis, mais s'il n'y a aucune complicité entre les deux partenaires, on glisse vite vers un manque de sens et de respect. Je crois que pour être épanouissant, le sexe doit être un moment de partage, à deux, qu'il dure toute la nuit ou toute la vie… « Quoi de plus beau alors, quel que soit l'âge des partenaires, que cette complicité dans les regards, que cette flamme qui grandit dans le cœur de chacun des partenaires, quoi de plus beau que ce désir ardent qui pulse dans les corps en émoi ? »[25] Le X est une caricature de tout un ensemble de valeurs déshumanisantes. L'humanité c'est la sensibilité, l'intelligence, l'empathie et surtout la notion de lien. Tout cela est broyé dans le porno.

Quand un livre est adapté au cinéma, le résultat laisse une image décevante et incomplète pour qui a déjà lu l'histoire originale. La pornographie, c'est l'adaptation cinématographique du sexe, l'acte est considéré sans son

---

[24] « L'amour c'est ce qu'il nous faut quand vraiment rien ne va, il n'y a rien de plus beau que ce sentiment là. » chante Keen'V…

[25] ORROZ, *Les Dangers du Sexe sur Internet*, The-BookEdition, novembre 2013, p. 166.

contexte : l'avant et l'après. Le porno laisse une image fausse du « pénétré », mais aussi du « pénétrant ». Il est performant, bien membré et l'acte peut durer, durer… et ce, dans de multiples positions. Dans la vraie vie en général, l'acte sexuel n'a rien à voir avec ça. On nous fait croire que c'est tellement mieux tout épilé, avec des seins refaits, à plusieurs et sans complicité. C'est du bovarysme[26] sexuel.

Beaucoup d'adolescents en viennent à complexer sur la taille de leur sexe alors que bien sûr, ce n'est pas la taille qui compte ! Sur certaines vidéos, l'homme en scène est parfois menteur (je pense à ces pseudo scènes amateurs où l'homme se fait passer pour un faux agent de l'industrie du porno) et pervers (adepte de filles trop jeunes). Le spectateur finit par s'identifier, par croire qu'il est un peu comme ces hommes qui jouissent sous ses yeux. La distance par rapport aux images n'est pas facile à prendre, car tout est très réel et qu'en quelque sorte, il interagit via la masturbation, l'éjaculation et s'imagine à la place des acteurs. Ce manque de distance pousse à la performance tant chez les garçons que chez les filles. Mais surtout, suscite des fantasmes avec des images qui, au fond, dégoûtent.

L'industrie du X cherche à faire fantasmer sur la jeunesse. Cette réalité est taboue. Pourtant en haut du podium des tags les plus vus – au monde – on trouve #teen[27]. Certains vous diront qu'en anglais, ça n'a pas la même signification qu'en français, que ça reflète une no-

---

[26] Du nom de l'héroïne de Flaubert : Mme Bovary, éternelle insatisfaite de sa vie.

[27] Cette information provient du classement réalisé chaque année par les sites pornos eux-mêmes.

tion de jeunesse. Ça n'est pas faux, ça évoque la jeunesse, mais une jeunesse trop jeune. *Teen* : j'ai toujours appris que cela se traduisait pas « ado » comme dans *teen movie*, *teen idol*. *Teen* désigne la période comprise entre *thirteen* et *nineteen* (13 et 19 ans). Et que ce soit le tag le plus visionné au monde, ce n'est pas acceptable. Ensuite, tous les anciens producteurs ou anciennes actrices vous le diront, les comédiens de plus de 18 ans, mais qui en paraissent moins, se vendent comme des petits pains. Ils sont maquillés pour avoir l'air plus jeunes que leur âge.

Lorsque Don Pauling, un ancien réalisateur porno, a rencontré Mindy, elle avait à peine 18 ans. Il raconte sur son site : « je savais que j'avais devant moi une machine à cash. J'ai vérifié son âge sur sa carte d'identité, car elle avait l'air très jeune. Ça faisait quatre ans que j'exerçais ce métier et j'avais une bonne connaissance du marché. Je savais que les mecs seraient fous d'elle. J'ai mailé des photos à des clients propriétaires de sites web. […] L'un d'eux spécialisé dans les vidéos teens – avec des actrices de plus de 18 ans, mais à l'air plus jeune – a commencé à me demander si je ne voulais pas créer un site dédié à cette fille[28]. »

Des personnes qui ont un terrain psychologique fragile et qui consomment beaucoup de vidéos de sexe peuvent être amenées à passer à l'acte (exhibitionnisme, agressions, harcèlement sexuel, pédophilie). Honnêtement, la pornographie ne fait rien pour les aider à maîtriser leurs pulsions maladives. Bien au contraire.

Il est souvent reproché aux jeux vidéo d'être des géné-

---

[28] C'est ce qu'ils ont fait. À 18 ans, Mindy gagnait 25% des recettes de ce site, soit 10 000 $ par mois.

rateurs de violence. Je ne crois pas qu'il soit possible de généraliser. C'est pareil pour le porno. Bien sûr que ceux qui regardent du porno ne sont pas des délinquants, mais « Il peut aussi y avoir des addicts [au X] qui ne sont pas des pervers à la base, mais qui glissent vers le délit. »[29]

Exercices pratiques

1   *Comment ai-je découvert le porno ? Qu'est-ce que je cherchais au début en regardant ces images ?*

2   *Quelles images me choquent ? Quelles images m'excitent ? Y en a-t-il qui me choquaient avant et m'excitent maintenant ?*

3   *Est-ce que j'ai envie d'être à la place des acteurs ? Comment est-ce que je réagirais si des proches étaient à la place des acteurs/actrices ?*

4   *Est-ce que les images que je vois influencent ma vie sexuelle ? À quoi est-ce que je voudrais que ma vie sexuelle ressemble ?*

5   *Quels sont mes fantasmes ? Sont-ils compatibles avec ce que je veux faire de ma vie ? Avec la loi ? Sinon, suis-je prêt à vivre avec pour le moment sans les nier et sans les concrétiser ?*

6   *Pourquoi aimerais-je continuer à regarder du porno ? Pourquoi ai-je envie d'arrêter ? Suis-je prêt à aller plus loin et à me donner les moyens d'arrêter ?*

Notes

[29] Marc Valleur, médecin-chef de l'hôpital Marmottan, cité *in* FLORENCE SANDIS, JEAN-BENOÎT DUMONTEIX, *les Sex Addicts*, Pocket, mai 2013, p. 245.

2   DE L'HABITUDE À L'ADDICTION

> « Toute habitude rend notre main plus ingénieuse
> et notre génie plus malhabile. »
> Nietzsche

En quoi comprendre ce processus va vous aider

Quand je cherchais à m'arrêter, je me focalisais sur les symptômes : « je ne veux pas faire ceci », « je ne veux pas voir cela ». Ce que je n'avais pas compris alors, c'est que cette attitude ne faisait qu'alimenter ma consommation. La pornographie (et l'addiction en général) est comme un gaz parfait : elle prend toute la place qu'on lui laisse. Plus vous lui accorderez de l'importance et vous concentrerez dessus, plus vous serez ferré à l'hameçon de l'excitation pornographique. Le plus important est de prendre de bonnes habitudes, sur le long terme. Ces bonnes habitudes sont l'inverse exact de celles qui vous ont mené vers la dépendance. Comprendre comment vous en êtes arrivé à devenir accro va vous permettre de briser ce cercle de l'addiction qui s'autoalimente. Vous le verrez, ce qui vous a conduit à devenir dépendant dessine en creux les solutions pour vous en sortir.

Par exemple, si vous vous ennuyez trop régulièrement, vous chercherez une activité artistique, associative ou sportive dans laquelle vous allez essayer de progresser. Elle vous prendra du temps, vous ferez des efforts pour cela. Elle va vous décentrer de vous-même. Si vous êtes anxieux, vous chercherez à évacuer tout votre stress, à retrouver une vie aussi paisible que possible. L'idée est d'identifier précisément les moments, les émotions, les environnements qui vous mènent inlassablement vers des images indésirables, de couper patiemment toutes ces sources pour éviter d'alimenter l'addiction.

Je vous propose pour commencer d'examiner brièvement les médiateurs neurochimiques du plaisir puis de lister les grandes sources de l'addiction.

Les hormones du plaisir qui mènent à la dépendance

Un neurobiologiste, Paul McLean, a proposé une vision synthétique du cerveau dans les années 70. Sa théorie repose sur une structure en trois couches qui correspondent à trois stades de l'évolution. Du plus ancien au plus récent, il distingue le cerveau primitif reptilien qui serait issu de la période où les poissons sont sortis de l'eau, des cerveaux « limbique » (le cortex) et « intelligent » (le néocortex) qui correspondraient respectivement aux réflexes des mammifères (réflexes, stress, émotions) et aux réflexions abstraites.

Cette modélisation simple et schématique va nous aider à comprendre comment nous fonctionnons, comment agit le plaisir sexuel et ensuite l'addiction.

Le plus petit des trois, le cerveau reptilien, a le quasi-monopole des neurones qui utilisent la dopamine. Il renferme aussi des endorphines[30]. La dopamine est un neurotransmetteur (ou neurohormone) qui régit les émotions, l'estime de soi, la motivation, les récompenses, et plein d'autres choses sympathiques. L'endorphine, quant à elle, est l'hormone du plaisir et du bien-être par excellence. C'est elle qui est libérée suite à un orgasme ou à une activité physique intense. Elle agit comme une morphine naturelle (d'où son nom en « *-phine* » d'ailleurs).

La dopamine est un neurotransmetteur merveilleux et puissant, à la fois très simple de par sa constitution et très complexe de par ses actions. Pour faire simple, en ce qui concerne l'habitude et l'addiction sexuelle, elle aide le cerveau à mémoriser les récompenses qui motivent nos comportements. Elle anticipe le plaisir de la récompense et pousse à l'acte. Elle est libérée en plus grande quantité lorsque la récompense a trait au sexe ou aux drogues[31].

Le sexe justement : un besoin vital pour la survie de l'espèce, un instinct animal. L'endorphine qui procure le plaisir est libérée au moment de l'orgasme. Quand il est pratiqué sans abus, l'afflux de dopamine reste dans la plage de fonctionnement normal du cerveau. Le cortex a le dessus sur le cerveau reptilien. En revanche, si la dose de dopamine augmente trop, le cerveau reptilien prend le dessus et la dépendance s'installe avec le phénomène de *craving* bien connu des toxicomanes. Le *craving* est la re-

---

[30] WILLIAM LOWENSTEIN, *Ces dépendances qui nous gouvernent : Comment s'en libérer ?*, Le Livre de Poche, février 2007, p. 28-29.

[31] BETHANY BROOKSHIRE, Docteur en physiologie et en pharmacologie, *Dopamine is _ _ _ _ _* , Slate.com, juillet 2013.

cherche du produit ou du comportement dont l'accro est dépendant : une avidité, un besoin impérieux, le fameux manque, cette envie intense et irrépressible de consommer ce que l'on ne veut pas.

Ce processus ne s'installe pas d'un coup avec l'addiction à la pornographie. Les choses vont progressivement, crescendo. Après la phase de test évoquée plus haut, on s'habitue à son petit porno régulier, le soir, pour s'endormir. Puis au réveil à cause de l'érection matinale. Au fil des années, on franchit sans s'en rendre compte les deux phases d'abus et d'accoutumance. Cette dernière phase a pour conséquence que l'on doit augmenter les stimuli pour être excité. Avant, Playboy suffisait, puis des quantités plus importantes de photos, puis des vidéos de couple, puis avec plus d'intervenants, puis, puis, puis… Et l'on se rend compte un jour que l'on n'arrive plus à s'arrêter. C'est souvent un changement de vie, une nouvelle technologie qui provoque des effets « falaise » (des paliers de consommation). On s'installe dans une chambre ou un studio seul. On fait l'acquisition d'un gros forfait de données. On arrive sur un réseau Ethernet où du porno se partage « en veux-tu, en voilà ». On s'installe en auto-entrepreneur en travaillant depuis son domicile. Ces transitions provoquent en général une augmentation de la quantité consommée chez le dépendant.

La frustration liée à la timidité extrême

Je l'ai dit, un bon slogan pour le porno, serait « Venez comme vous êtes ». C'est du plaisir facile. Un des profils types du consommateur régulier de porno, est celui du gars qui manque de confiance en lui : le solitaire, le timide. La pornographie tend les bras à tous. Elle est maintenant gratuite, extrêmement facile d'accès. Ceux qui, il y a vingt ans, n'auraient jamais osé franchir le seuil d'un sex-shop ou d'un peep-show, n'ont plus aucune inquiétude à avoir : l'anonymat est assuré derrière l'ordinateur une fois armé du duo clavier/Kleenex[32]. La femme est disponible tout de suite en image, vous vous identifiez facilement au pénétrant. Vous connaissez bien votre corps : « Qui mieux que moi peut prendre soin de moi ? » Le plaisir est intense et puissant. Pas besoin d'offrir un verre ou de draguer des femmes qui semblent inaccessibles. C'est également ce que vivait Jack, 41 ans : « Mes temps libres, je les ai passés sur les sites pornos jusqu'à 35 ans, âge où j'ai rencontré ma femme. Le pire, c'est que, trop timide et peu sûr de moi, je n'osais pas aborder une fille et donc j'éliminais mes pulsions en me masturbant sur des sites "pour adultes". »

Ne pas être à l'aise en société, ou de ne pas avoir d'amis est un problème lié à l'affectivité. Or, celui qui a des problèmes avec son affectivité a aussi souvent des problèmes avec sa sexualité. Être seul, ne pas avoir d'estime de soi provoque un sentiment de tristesse et d'ennui. Nous avons alors tendance à rechercher du réconfort partout : la pornographie, voire la prostitution, les escorts. Notre inconscient a horreur du vide. Nous le comblons comme nous pouvons, avec ce que nous avons sous la main, entre les jambes. C'était mon cas. Je me réfugiais dans les images pornos, car j'étais d'un naturel plutôt timide et peu à l'aise avec les filles. Je me disais toujours que les autres étaient bien meilleurs que moi, plus cools, plus intelligents. Alors que moi, moi, moi… je ne valais pas grand-chose.

---

[32] À condition de ne pas avoir un profil comme c'est le cas sur les sites de rencontres où ceux qui s'exhibent devant leur webcam sont des cibles potentielles pour des maîtres-chanteurs expérimentés.

Le manque de confiance en soi est souvent source d'addiction. Celle à la pornographie en est une manifestation. C'en devient ensuite une conséquence : la perte de contrôle de soi n'aide pas à se valoriser, la boucle est bouclée.

L'ennui et la solitude

La timidité extrême que nous venons d'évoquer est généralement associée à deux autres états générateurs d'addiction : l'ennui et la solitude. « L'oisiveté est mère de tous les vices » nous alerte la sagesse populaire. Ne pas avoir de perspectives, d'activités passionnantes, conduit irrémédiablement à l'ennui. Celui-ci se nourrit de la procrastination : cette manie de remettre à plus tard ce qui devrait ou pourrait être accompli immédiatement (cet exposé à préparer, ce repas à cuisiner, ce mail à envoyer). Quand l'habitude cède la place à l'addiction, la procrastination est reine de nos vies. Alors dans ce cas, l'habitude du plaisir facile prend le dessus sur toute autre forme d'activité. Tout est remis à plus tard pour s'adonner au comportement addictif, comme une fuite de la réalité.

Passé l'adolescence, se masturber en regardant un porno, se fait rarement dans le salon avec des copains à dîner[33]. Les moments de solitude sont les moments les plus dangereux de manière évidente. Et j'insiste sur ce point.

Les porno-dépendants attendent avec impatience que leurs parents partent de la maison pour avoir accès à l'ordinateur, la soirée où leur femme sera absente et où les

---

[33] C'est maintenant comme ça que beaucoup d'adolescent découvrent les sites pornos : en groupe. C'est ce qui m'a surpris en lisant *Alice au Pays du Porno (op. cit.* note n° 20 p. 26).

enfants dormiront, le moment où ils seront seuls avant que tout le monde ne rentre du travail.

Thomas a 40 ans, il est journaliste indépendant et travaille à son domicile. Il perd « des heures à chercher le plaisir ultime, quelques secondes de plaisir » lors de « ces fausses soirées, ces moments seuls en journée où [il] ne fait rien ».

En ce qui me concerne, ado, j'étais souvent seul à la maison avec l'ordinateur. Je n'avais aucune raison particulière de pratiquer si fréquemment la masturbation, avec ou sans écran. C'est simplement l'ennui et la solitude qui m'y encourageaient. Cela se vérifie chez tous les accros au X : « Pour moi, les pulsions viennent dans la majeure partie des cas quand je suis seul chez moi et que je m'ennuie. L'ennui est mon pire ennemi pour ce combat. » Et un autre : « Je n'ai pas d'envie avant d'être seul, mais quand je le suis mon subconscient dit "et si tu y allais… ? C'est une occasion !" »[34]

Le dépendant ne doit pas rester seul sans amis, sinon il va dépérir (pas physiquement, moralement). Il doit se creuser la tête pour trouver du monde à qui parler, avec qui créer du lien social. Sans les agacer, en étant discret et avec tact. Johann Hari affirme carrément que « l'inverse de l'addiction n'est pas l'abstinence, mais le lien social. »[35] Pourquoi ne pas se documenter en achetant un ou deux livres qui donnent des conseils pour se faire des amis ?

Au début, la solitude et l'ennui nous font nous orienter

---

[34] Dependance-sexuelle.com.

[35] JOHANN HARI, *On a découvert les mécanismes probables de l'addiction, et ce n'est pas ce que vous pensez*, The Huffington Post, le 20/01/2015. Hari est l'auteur de « *Chasing the Scream: the first and last Days of the War on Drugs* ».

vers cette activité accessible et forte source de plaisir. Ensuite, quand l'addiction pointe le bout de son nez, c'est l'inverse : la solitude est recherchée pour y trouver excitation et orgasme.

Si elle n'est pas toujours observée d'un point de vue extérieur, la solitude s'installe pourtant petit à petit dans la tête de celui qui n'arrive pas à se contrôler. Parce qu'il n'arrive pas à parler de ce problème.

L'isolement n'est pas forcément visible par l'entourage. L'égocentrisme du début (mon plaisir, où je veux, quand je veux) se transforme avec le temps en une prison psychologique. Cet isolement se manifeste par une incapacité à vivre l'instant présent (au travail, avec sa famille, ses amis), un besoin de s'isoler pour consommer de la chair en image (voire en chair et en os), un besoin de se masturber sans même en éprouver une once de plaisir. L'orgasme devient tellement routinier qu'il n'est alors plus qu'une sensation sans un vrai plaisir associé.

La déprime et le stress

Les moments de déprime sont des moments où rien ne va, où tout semble morne et noir. Quand cela vous arrive, vous voulez tout lâcher, baisser les bras, et vous n'avez plus envie de rien. Ces moments-là sont dangereux, car vous vous dévalorisez et ne vous sentez pas épanoui, au contraire. Une dispute par exemple et la tentation est grande de vous décourager et de vous dire que vous ne changerez pas, que vous passerez à côté d'une partie de votre vie ! Et donc : « À quoi bon lutter ? »

Or, nous l'avons vu, l'endorphine est une hormone du plaisir et est générée au moment de l'orgasme. Elle apaise : c'est un puissant antistress. La sensation de bien-être qui en découle chasse le sentiment de déprime pendant un temps assez court. L'adrénaline et son précurseur, la dopamine qui anticipe la récompense, produits lors de la phase de recherche de la vidéo parfaite font aussi oublier les soucis de la vie. Au moins de manière temporaire.

Encore une fois, le cercle est vicieux. La déprime est source de pratique intensive de masturbation pornographique et donc d'addiction. Or, pour paraphraser la psychologue américaine Pinkola Estés, l'addiction enlève sens à la vie. Cette absence de sens est source d'angoisses, de vide existentiel, voire, dans les cas extrêmes, de dépression pour laquelle il vous faut absolument consulter un spécialiste afin ne pas rester dans un état noir et dépressif.

Il ne faut pas sous-estimer la déprime, elle arrive vite. Il peut suffire d'une petite prise de bec avec son conjoint, un ami ou un collègue de travail. Ou plus lourd, un décès, une rupture amoureuse, une période de chômage, une agression sexuelle, un inceste... La liste n'est, bien sûr, pas exhaustive. Toutes ces situations sont complexes à gérer. Il n'y a pas forcément d'échelle dans la souffrance car chacun vit les choses différemment. Pour évacuer les tensions liées à ces angoisses, le X est un exutoire tout trouvé.

Un membre des forums de discussion[36] résume bien sa situation. S'il consomme de la pornographie de manière addictive, « c'est à cause du stress du boulot, stress d'être expatrié, manque de confiance en soi (et ça ne s'arrange pas avec les nouveaux collègues de boulot), stress d'être papa, stress du crédit de la maison, stress de ne pas pou-

---

[36] Pornodependance.vraiforum.com.

voir changer de boulot ». Le porn donne l'impression d'oublier tous ses soucis, il n'y a plus rien autour de soi à ce moment-là.

Ce qui est valable pour les coups de blues l'est aussi pour les angoisses des coups de stress. Il est tentant de s'orienter vers ce mode de gestion des émotions d'autant plus facilement que l'habitude est prise de s'y adonner régulièrement. Prenez par exemple la tension permanente des traders boursiers. Samir a été l'un d'eux, il raconte : « Là où je travaillais – j'étais à l'époque en salle des marchés –, cette pratique était courante. Il y avait même des serveurs de films pornos accessibles à tout le monde ! »[37]

La fatigue

Je suis quelqu'un qui a besoin de dormir en moyenne huit heures par nuit. J'ai remarqué que j'avais moins envie de porno quand j'étais en forme et que je n'avais pas de sommeil en retard.

En fait, le découragement évoqué plus haut arrive souvent avec la fatigue. Sollicités en permanence, nos agendas sont surchargés, nous dormons peu, nous procrastinons comme jamais devant nos écrans. 45 % des personnes qui travaillent se plaignent du manque de sommeil[38]. Qui vient en premier : l'œuf ou la poule ? La fatigue ou la déprime ? Ne dites-vous pas dans des moments de manque de sommeil : « Je suis fatigué », lorsque vous craquez ou que vous fondez en larmes ? Le stress et

---

[37] Samir 31 ans cité *in* FLORENCE SANDIS et JEAN-BENOÎT DUMONTEIX, *Les Sex Addict*, p. 100 *op. cit.* note n° 29 p. 31.

[38] LAYLA RICROCH et BENOÎT ROUMIER, *Depuis 11 ans, moins de tâches ménagères, plus d'Internet*, INSEE Première, n° 1377 – novembre 2011, étude réalisée en 2010.

la fatigue agissent de la même façon : ils peuvent aboutir à terme à un trouble dépressif.

À force de ne pas dormir suffisamment, je me ramenais toujours au problème précédent : la déprime. Par chance, je n'ai jamais été dépressif.

Usage excessif, dépendance ou addiction ?

En lisant tout cela, vous vous demanderez peut-être si l'on peut vraiment parler d'addiction. On m'interpelle parfois au sujet de la définition de l'addiction à la pornographie : « Les scientifiques la remettent en cause », « C'est une invention morale », « Rien n'est dit à ce sujet dans le DMS[39] », etc. Comme je l'ai dit en avant-propos, finalement, peu importe. Car en fait, il n'y a pas de consensus international sur le sujet. Les spécialistes eux-mêmes se coupent les cheveux en quatre et font du mal aux mouches pour définir les termes : comment distingue-t-on l'usage excessif de l'addiction, de la dépendance ?

Examinons dans un premier temps la dépendance : un bébé est dépendant, une personne très âgée est dépendante, nous dépendons de l'eau, de l'air, de sa qualité, etc. Ce terme est un lapsus que j'utilise aussi pour parler d'addiction[40], tout le monde le comprend et voit bien de quoi il s'agit.

Mais l'addiction et l'usage excessif alors ? Une addiction n'est pas forcément un usage excessif. Elle ne se mesure pas en terme de quantité. On dit que les produits fortement addictogènes comme l'héroïne peuvent ne né-

---

[39] Manuel Diagnostique et Statistique des troubles mentaux.

[40] Pour éviter les répétitions notamment.

cessiter qu'une seule prise pour rendre accro. Pourtant, la plupart des addictions consistent en des usages excessifs. Le débat terminologique est en réalité stérile pour nous dépendants, car tout n'est pas quantifiable, tout ne peut pas forcément être appréhendé par la science. L'addiction se définit *in concreto* par « le sentiment subjectif d'aliénation éprouvé par la personne elle-même »[41]. Je ne me suis jamais demandé si j'étais porno-dépendant ou accro : je sentais, je savais, je voyais que l'usage que j'avais du porno pour rechercher l'excitation et l'orgasme n'était pas juste, pas sain pour moi. L'addictologie s'intéresse à la perte de contrôle de l'usage du patient de sources de gratifications, que ce soit des produits ou des comportements. Si vous avez du mal à mettre fin à un comportement[42] et que cela vous fait souffrir, vous êtes peut-être dépendant. Vous êtes la seule personne qui puisse dire si cela vous pose problème. Il est possible de contrôler l'usage des sources de plaisir quand on n'est pas addict. Quand on l'est, c'est autrement plus difficile.

Finalement, pour faire simple, pour faire clair : l'addiction est un comportement ou un usage qui conduit à une souffrance personnelle et insupportable. Entre l'usage excessif et l'addiction, c'est à vous de faire le distinguo.

La perte de contrôle, de volonté

Une fois qu'elle est là, la dépendance prend le pas sur tout autre désir ou sentiment. C'est ce que j'appelle les

---

[41] Marc Valleur, médecin-chef de l'hôpital Marmottan, lors de son intervention dans le webinaire « @ddict? », le 09/01/2015.

[42] Comme Kendji Girac, ce chanteur pop vainqueur d'un télé-crochet français, qui avoue très simplement sur le plateau de *On n'est pas couché* « C'est dur, hein ! C'est compliqué [d'arrêter la masturbation] ». Le 29/11/2014.

actions en mode « zombie ». Un zombie désigne communément une personne ayant perdu toute forme de conscience. C'est une image qui me semble très parlante pour l'avoir vécu. Vous n'êtes plus présent au réel, plus présent à vos proches, plus présent à ce que vous devez faire. L'addiction est comme un esclavage, une servitude, une perte de contrôle de sa vie, et des meilleurs moments que l'existence peut offrir[43]. D'un point de vue plus scientifique, Aviel Goodman, psychiatre américain, avait proposé en 1990 une série de critères pour définir l'addiction à un comportement[44] :

- Impossibilité de résister aux impulsions à réaliser ce type de comportement.

- Sensation croissante de tension précédant immédiatement le début du comportement.

- Plaisir ou soulagement pendant sa durée.

- Sensation de perte de contrôle pendant le comportement.

- Présence d'au moins cinq des neuf critères suivants :

    □ Préoccupations fréquentes au sujet du comportement ou de sa préparation ;

    □ Intensité et durée des épisodes plus importantes que souhaitées à l'origine ;

---

[43] « "addiction" a pour étymologie *addictus* qui, en bas latin, signifie "adonné à". Ce terme était utilisé en droit romain pour désigner la situation du débiteur qui, incapable de payer ses dettes, se trouvait "adonné" à son créancier. Ce dernier avait alors le droit de disposer entièrement de sa personne comme d'un esclave. » GÉRARD FELDMANN, *Les Addictions*, Armand Colin, 2011, p. 5.

[44] AVIEL GOODMAN, *Addiction: Definition and Implications*, British Journal of Addiction, vol. 85, n° 11, novembre 1990.

☐ Tentatives répétées pour réduire, contrôler ou abandonner le comportement ;

☐ Temps important consacré à préparer les épisodes, à les entreprendre, ou à se remettre de leurs effets ;

☐ Survenue fréquente des épisodes lorsque le sujet doit accomplir des obligations professionnelles, scolaires ou universitaires, familiales ou sociales ;

☐ Activités sociales, professionnelles ou de loisirs majeurs sacrifiés du fait du comportement ;

☐ Persistance du comportement bien que le sujet sache qu'il cause ou aggrave un problème récurrent d'ordre social, financier, psychologique ou physique ;

☐ Tolérance marquée : besoin d'augmenter l'intensité ou la fréquence pour obtenir l'effet désiré, ou diminution de l'effet procuré par un comportement de même intensité ;

☐ Agitation ou irritabilité en cas d'impossibilité de s'adonner au comportement.

• Certains éléments du syndrome ont duré plus d'un mois ou se sont répétés pendant une période plus longue.

Vous pourrez trouver sur Internet d'autres tests (subjectifs encore une fois), plus ciblés sur l'addiction à la pornographie[45]. Avec cette base de Goodman, vous pourrez vite vous situer et échanger à ce sujet avec les

---

[45] Stopporn.fr/psycho/etes-porno-dependant.

personnes qui vous aideront à vous en sortir[46].

La consommation de porno peut être active : vous décidez d'aller voir des vidéos, vous vous y préparez plusieurs heures à l'avance ; ou bien passive : vous êtes dans une situation occupée, au téléphone avec un proche par exemple et l'addiction vous transforme en « zombie ». Vous visionnez malgré vous alors que vous n'en avez ni la raison ni la volonté. Les scientifiques appellent cela le *craving*. Comme nous l'avons vu, ce terme peut se traduire par une envie intense et irrépressible de consommer ce que l'on ne veut pas. Cela m'arrivait fréquemment, en particulier avec mon smartphone, car je l'avais toujours sur moi avec la possibilité de consommer n'importe où. « Je ne veux pas aller voir du porno, j'ai autre chose à faire. » Et puis pourtant, je prenais le téléphone, j'ouvrais un *tube* et je me masturbais…

C'est cette perte de contrôle qui conduit souvent à prendre conscience de son addiction. Vous n'êtes plus maître de vos actions et une fois le comportement fini, vous vous réveillez en vous disant « pourquoi j'ai fait ça ? » La dépendance vous mène à la braguette. « Il eut conscience de perdre tout contrôle de lui-même. "Oh non !" s'écria-t-il, saisi de remords avant même d'avoir commencé »[47]. Cette manière de se voir agir extérieurement à soi peut arriver à tout le monde. Elle est le quotidien de l'addict.

Le premier stade de ce manque de maîtrise ne se porte que sur la consommation non voulue de pornographie. Plus l'addiction s'installe et plus elle peut avoir des réper-

---

[46] On aborde le sujet au chapitre suivant.

[47] KEN FOLLETT, *Un monde sans fin*, Poche, janvier 2010, p. 106.

cussions sur la vie de tous les jours. Il est possible qu'elle se transforme dans les cas les plus extrêmes en une aboulie générale. Ce terme désigne un symptôme psychiatrique qui traduit l'inaptitude du malade à prendre toute forme de décisions ou à se fixer des objectifs. Il se retrouve aussi chez les patients atteints de troubles dépressifs.

On ne sait pas encore bien pourquoi certaines personnes sont addicts à la pornographie ou au sexe plus que d'autres. « Une chose est sûre : peu importe la cause, une fois qu'on a perdu le contrôle de sa sexualité et que cela fait *souffrir*, il n'y a plus qu'une alternative : continuer à se détruire, ou reprendre le contrôle de sa vie. »[48]

La question n'est pas, de savoir si c'est bien ou mal. Nier que ce qui vous détruit ruine votre vie est infantile. L'enfant fait ce qu'il veut sans notion de perte ou de bénéfice. L'idée n'est pas de choisir entre « le bien » ou « le mal », mais bien de savoir ce qui est bon ou mauvais pour vous. « Nous cherchons toujours à avancer vers plus d'amour, plus de beauté, plus de justice, et à nous éloigner de leurs opposés. »[49]

Les conséquences possibles

La dépendance prend le pas sur la réalité. On ne vit plus l'instant présent. Le cerveau réclame sa came, toujours, partout, n'importe quand. Il existe un vrai risque de tout perdre à ce petit jeu qui n'en est plus un.

Un de mes lecteurs résume bien la situation : « Le plus grave, c'est lorsque tu perds le contrôle de cette vie. Que

---

[48] FLORENCE SANDIS et JEAN-BENOÎT DUMONTEIX, *Les Sex Addict*, p. 220 *op. cit.* note n° 29 p. 31.

[49] DAVID SERVAN-SCHREIBER, *Guérir*, Robert Laffont, 2003, p. 25.

tu ne peux plus bosser (parce que tu as tout le temps besoin de t'astiquer), dormir (parce que tu tchattes jusqu'à
trois heures du matin toutes les nuits), faire l'amour à ta
compagne (parce que tu n'es plus au lit avec elle et parce
que... il faut bien le dire, ses seins tiennent moins bien
que ceux des actrices de 18 piges !) Et là, tu perds le contrôle de ta vie. Et tu peux tout perdre. Parce que ta
compagne découvrira tes errances, parce que tes enfants
te surprendront bite à la main, une nuit, parce que tu au-
ras été tellement loin dans tes fantasmes, et tellement bas
qu'un jour tu perdras tout. »

Certains en effet ont perdu leur famille comme Pa-
trick, 56 ans, qui raconte : « Mon épouse, à plusieurs
reprises, a essayé de m'ouvrir les yeux [sur ma dépendance à la pornographie], en me disant directement ou
indirectement de me faire soigner, mais rien n'y a fait, il a
fallu qu'elle me quitte pour que je prenne conscience de
ma maladie et que je réagisse. Malheureusement trop tard
pour notre couple, je lui ai fait énormément de mal, je l'ai
délaissée, abandonnée. Le porno était beaucoup plus important que tout le reste, plus rien ne comptait à part mon
plaisir solitaire. » Ou encore cette jeune femme qui se
souvient avoir fait beaucoup pour son copain : « avoir
passé des journées entières à l'aider à trier ses affaires, à
ranger, à se reposer, à lui laisser le temps de réfléchir
quand il n'allait pas bien, a lui proposer des milliers de
projets. » Ils sont maintenant séparés à cause de
l'addiction. Si celle-ci se définit comme une souffrance
individuelle, elle est aussi très souvent une souffrance de
l'entourage, et en particulier de l'entourage proche, la famille. L'interaction avec la famille est biaisée. Hélène est
femme d'un accro. Elle m'écrit : « Il passe son temps a
surveiller quand il peut aller seul sur l'ordinateur ! C'est
toujours au moment pour moi d'aller à l'école qu'il doit,

soi-disant, aller sur Leboncoin. Le soir quand je m'installe devant la télévision lui a toujours un truc à faire sur l'ordi, il attend toujours que j'aille prendre ma douche, ne vient plus avec moi faire les courses, etc. Et pendant tout ce temps, il ne regarde que des fesses, des filles excitantes, des pages de sexe. Aujourd'hui, on va à la catastrophe. Je voudrais l'aider, mais je ne sais pas comment car il refuse mon aide. »

D'autres voient leur relation avec leurs enfants écornées. Un accro à la pornographie et aux discussions sexuelles en ligne explique s'être fait surprendre plusieurs fois par sa fille de 13 ans : « La dernière fois, ce fut des discussions à caractère sexuel via l'historique d'un tchat et cette fois c'est des photos que je pensais avoir supprimées de l'ordinateur. Ça fait mal ! Très mal. Tout le monde peut comprendre les conséquences dans un couple. […] Entre adultes les choses peuvent s'expliquer, par contre entre père et fille, entre adulte et enfant ou préado je trouve ça personnellement difficile. »

Chez d'autres encore, cela pourra avoir des conséquences sur la vie professionnelle : « Cette semaine, j'étais en réunion téléphonique avec des financiers londoniens, une réunion absolument vitale pour la petite société que je viens de créer. Pourtant, je n'avais qu'une envie : raccrocher, pour visionner un porno et me masturber. J'ai d'ailleurs fini par écourter la conversation : l'envie était trop forte. »[50] En allant parfois jusqu'au licenciement comme pour ce chef du service éducatif d'un foyer de jeunes travailleurs à Lyon qui a été licencié pour faute

[50] Samir 31 ans cité *in* FLORENCE SANDIS et JEAN-BENOÎT DUMONTEIX, *Les Sex Addict*, p. 99 *op. cit.* note n° 29 p. 31.

grave[51]. Il avait notamment utilisé son poste informatique afin d'accéder à des sites pornographiques répertoriés dans ses favoris.

La vie sexuelle n'en sort pas toujours indemne non plus. La porno-dépendance vous rend plus demandeur, moins patient, plus exigeant. Elle peut vous éloigner du corps de votre partenaire. Non seulement en terme de temps passé sur des sites pour adultes au lieu d'être avec elle dans le lit, mais encore en terme de désir. La pornographie effaçant d'un coup de torchon « l'envie d'avoir envie » comme le dit si bien Johnny ! Vous pouvez manquer de confiance en vous lors des rapports sexuels et avoir la verge mi-molette au moment fatidique. Votre chérie pourra s'imaginer que c'est de sa faute, qu'elle ne sait pas s'y prendre alors que la vérité est ailleurs. En effet, l'addiction rend parfois impuissant[52]. Ce n'était pas mon cas, néanmoins ma sexualité en pâtissait. Ma femme n'a ressenti aucun impact sur notre vie sexuelle. Pourtant, je ne sortais pas euphorique et joyeux de nos rapports, car, sans chercher à imiter ce que je voyais à l'écran, ces images me trottaient dans la tête. En effet, « même si un couple vit une véritable relation sexuelle, après avoir visionné un porno, l'autre partenaire reste souvent caché et masqué par les images. »[53]

La pornographie se nourrit de la nouveauté et de l'interdit. Deux caractéristiques des relations extra-

---

[51] Le licenciement a eu lieu en 2004. Il a été validé par la Cour de cassation en 2008. Cour de cassation, Chambre sociale, 9 février 2010, n° 08-45.253.

[52] Une rapide recherche dans les forums de discussions liés à l'addiction au X vous montrera que ces problèmes érectiles sont répandus chez les hommes accros. Tout ça à cause de l'usage abusif des récepteurs dopaminergiques.

[53] MICHELA MARZANO et CLAUDE ROZIER, *Alice au Pays du Porno*, p. 83 *op. cit.* note n° 20 p. 26.

conjugales. Non pas que tous les pornos-dépendants tromperont leur partenaire. Mais pour assouvir leurs fantasmes, il arrive – plus fréquemment qu'on ne le pense – qu'ils passent à l'acte avec une nouvelle personne : rencontrée au travail souvent ou sur un site de rencontres, une ex, un ancien ami, etc. Si vous avez besoin de chiffres pour vous en convaincre, une étude de 2004 avance celui de 300 % : les infidèles consommeraient 3,18 fois plus de pornographie que ceux qui ne le sont pas[54]. Pourtant, pas besoin de statistiques, le bon sens suffit : si vous souhaitez que votre couple soit en développement durable, ce n'est pas la meilleure idée que d'entretenir vos fantasmes vis-à-vis de tiers. Même ceux qui choisissent d'un commun accord des pratiques sexuelles échangistes sont concernés. Coralie est en couple depuis trente ans, son mari a une addiction au sexe par Internet depuis quatre ans. Elle explique : « Je ne demande qu'à l'aider, mais il refuse de me parler. Je suis prête à tout entendre. Nous n'avons plus de relations sexuelles ni de vie commune, nous vivons dans le même appartement comme des colocataires. Pourtant avant son addiction nous étions des libertins. Ça a été une escalade de rencontres et de pratiques auxquelles j'ai dit non. Mais c'était trop tard... » Son mari songe maintenant au divorce. Les avocats voient en continu les dessous de ces séparations : ce n'est pas aussi glamour que ce qu'on en dit[55]. Tout cela est bien sûr question de choix, mais 1/ prenez garde à ne pas vous laisser mener par le bout du sexe par quelqu'un qui crie « Braguette ! » et 2/ par le mensonge, ne faites pas subir à

---

[54] STEVEN STACK, IRA WASSERMAN, ROGER KERN, *Adult Social Bonds and Use of Internet Pornography*, mars 2004, p. 83.

[55] « Croquez la pomme ! » disait la sorcière à Blanche-Neige. La suite, on la connaît.

votre partenaire les affres de vos désirs indomptés. Beaucoup d'addictions au sexe commencent par une addiction à la pornographie.

À force de surfer sur des images toujours plus glauques, toujours plus choquantes, certains finissent ensuite par tomber sur des images interdites. Je parle bien sûr des images de pédophilie, des images de viols. J'imagine, j'espère, que ce n'est qu'une minorité. Pourtant, il m'est arrivé d'échanger avec des hommes qui avaient peur d'avoir des penchants pédophiles. On trouve sur Internet des photos d'adolescentes[56] qui se dévoilent sans réfléchir (sensuelles sans être forcément pornos), des sections ados sur des sites de vidéos. Ces images sont choquantes et font fantasmer sur la jeunesse. Certains s'arrêteront là, profondément choqués[57], d'autres continueront, par curiosité (comme avec les premières images pornographiques), par goût de l'interdit. Ces images sont ensuite supprimées par les utilisateurs, ou pas… Il existe des associations, des traitements pour cela[58]. Je ne généralise pas, mais c'est une évolution possible et extrême de l'addiction. Ces personnes peuvent aussi être croisées quotidiennement dans les Palais de justice…

Sur le long terme enfin, l'addiction profonde isole, éloigne des amis, des proches. On parle, pour décrire la

---

[56] Un documentaire est sorti en 2015 à ce sujet : *Hot Girls wanted* Les réalisatrices ont découvert qu'un nombre important d'adolescentes de 18 à 19 ans (officiellement) attendent après les cours pour tourner des scènes pornos et obtenir quelques billets et de la notoriété.

[57] Il est primordial de signaler les contenus incriminés via le site Internet-signalement.gouv.fr.

[58] Si vous vous sentez concerné, vous pouvez contacter par exemple l'association *l'Ange Bleu* : A.N.P.I.C.P. (Association Nationale de Prévention et d'Information Concernant la Pédophilie).

masturbation, de « plaisir solitaire ». Au stade de la porno-dépendance, je ne crois pas que l'on puisse parler de *plaisir solitaire*. J'utiliserais plutôt le terme « d'habitude isolante ». Le film *Shame* de Steve McQueen, sorti en 2011, illustre parfaitement cet isolement. Le personnage principal, Brando, est accro au sexe, mais aussi à la pornographie et à la masturbation. Il s'éloigne de sa petite sœur qui est venue habiter chez lui et qui a besoin de lui. Tout cela à cause de son addiction. Ce film n'est pas une caricature, c'est une fidèle image de ce à quoi il est possible d'aboutir à force de se frotter (ou de se faire frotter) les parties génitales sans discernement.

Le *craving* du dépendant est une expérience douloureuse et déroutante. C'est pour cette raison que les addictions (avec ou sans produit) sont associées à une surmortalité par suicide tellement les pertes de contrôle et les rechutes[59] sont dures à vivre pour le sujet[60].

Exercices pratiques

1. *Suis-je capable de me passer de mes fantasmes pornographiques alors que je suis en vacances, au restaurant avec des copains ou toute autre activité sociale ?*

2. *Dans quelle mesure est-ce que je peux dire que je souffre de ma consommation de porno ? Ai-je l'impression d'y être soumis, d'en être esclave ? M'arrive-t-il de me masturber au lieu de remplir mon devoir ou de faire d'autres choses que je ferais plus volontiers ?*

---

[59] La rechute est la reprise involontaire de l'usage qui abouti aux mêmes problèmes que ce qui avait motivé l'arrêt.

[60] Pr Marc Auriacombe (chercheur et chef du pôle Addiction du centre hospitalier Ch. Perrens de Bordeaux) lors de la conférence donnée à Cap Sciences (Bordeaux) le 20/01/2015 : *Pornographie : de l'habitude à l'addiction.*

3. *Est-ce que je me mens ?*

4. *Que se passe-t-il en général avant que j'aille sur un site porno ? Qu'est ce que je ressens à ce moment-là ?*

5. *Ai-je remarqué une plus grande propension à lâcher prise quand je suis fatigué, que je me couche tard plusieurs soirs de suite ? Suis-je prêt à changer ce rythme pour être moins mou et fourbu ?*

6. *Quels sont les points noirs de ma vie ? Ont-ils une influence sur ma consommation de pornographie ? Est-ce que je me sens seul dans ma vie ?*

7. *Qu'est-ce que je veux faire de ma vie ? Comment est-ce que je me vois dans mes vieux jours ? Avec qui ?*

Notes

3 POURQUOI ON NE PEUT PAS S'EN SORTIR SEUL

« Sire Rat accourut, et fit tant par ses dents
Qu'une maille rongée emporta tout l'ouvrage.
Patience et longueur de temps
Font plus que force ni que rage. »
Jean de La Fontaine

En quoi cela va vous aider

Nous vivons dans une société schizophrène qui étale l'alcool, le sexe, le cannabis, car ce sont des produits « conviviaux », « sans danger » et « agréables », mais dès que quelqu'un perd le contrôle, il est mis sur la touche, vu comme un sous-être, un pauvre moins-que-rien. Dans ces conditions, il est difficile d'en parler de peur d'être sifflé et mis de côté. Une fois qu'une personne s'est rendu compte qu'elle était dépendante, elle pense pouvoir s'en sortir à la force du poignet. C'est tout simplement im-pos-sible (à moins de s'émasculer, mais il y a d'autres solutions plus intelligentes, et pourtant efficaces). Il vous faut sortir du déni où vous étiez peut-être enferré et prendre conscience, par la verbalisation, de la gravité du problème, en finir avec l'isolement. En effet « il est temps, à présent, de porter nos efforts sur la guérison sociale : comment guérir, tous ensemble, la maladie de l'isolement qui s'est abattue sur nous. »[61] En parler, va vous permettre à la fois de dédramatiser, rompre avec la spirale du mensonge, creuser des amitiés, gagner en complicité et en capacité de dialogue et avoir un allié de poids pour la pose des barrières « anti-zombies ».

Qui choisir

Pour parler d'un sujet délicat comme une addiction, vous aurez besoin soit d'une personne suffisamment proche et aimante pour ne pas vous juger, soit suffisamment distante pour ne pas être impliquée.

Votre conjointe

Ce choix fait débat parmi ceux qui veulent s'en sortir. C'est une décision à prendre au cas par cas selon votre sentiment de proximité en couple, votre volonté de partager vos épreuves ensemble, votre degré d'addiction, bref, votre vie. C'est le choix que j'ai fait. C'était – pour moi – inconcevable d'agir autrement. Je n'en pouvais plus de vivre dans le mensonge, j'avais besoin de son aide. Si je ne lui en avais pas parlé à elle, j'aurais eu l'impression de lui cacher toute une partie importante de ma vie. C'était d'autant plus utile que la volonté est éteinte par la dépendance. Dans ce cas, je ne crois pas que l'on puisse parler de « tromper ». C'est encore différent s'il y a un dialogue

---

[61] JOHANN HARI cité *in* note n° 35 p. 39.

plus ou moins personnel sur les sites de rencontres, des discussions via webcams interposées sur les sites dédiés, ou carrément des rapports sexuels pour ceux qui franchissent le pas. C'est à vous de voir, vraiment. Pour moi, quand on s'aime, on se doit entraide mutuelle. Les conjoints sont là pour se soutenir. Encore une fois, cela dépend de votre degré de confiance et de dialogue, d'écoute et de compréhension. Ma femme explique à notre sujet : « Je ne me suis pas sentie trompée, car j'ai vu sa souffrance et son désir de s'en sortir. J'ai compris qu'il s'agissait d'une addiction, d'un engrenage et je me suis dit que je pouvais essayer de l'aider. Pour lui, j'ai été la source de son sevrage. Moi, j'ai une vision différente : il s'en est sorti par sa volonté et son désir de construire un couple solide. Je n'ai pas l'impression d'avoir fait grand-chose à part l'aimer quoi qu'il arrive et ne pas me fâcher lors des rechutes, c'est-à-dire ne pas les prendre contre moi, comme une infidélité. »

En fonction de votre manière de vous investir dans le dialogue et dans le couple (et aussi en fonction de son caractère), soit elle sera touchée par la confiance que vous lui témoignez, soit en colère contre vous. Elle ne sera certainement pas indifférente.

Ne croyez pas que ça ne la regarde pas. Au contraire, elle est la seconde concernée, car cela impacte la manière dont vous la percevez et dont vous percevez les autres femmes. Cela joue aussi sur la qualité du temps que vous passez ensemble. Chercher à vous faire aider par votre conjoint, c'est montrer l'estime que vous avez pour lui. La confiance aussi. Vous aider, c'est gagnant-gagnant : elle sera considérée en vérité et sans arrière-pensées après votre sevrage. Et puis, vous renforcerez la solidité de votre couple car si le dialogue sur ce sujet est mis en place tôt, il peut permettre d'éviter l'adultère, presque toujours destructeur du couple[62]. Si vous choisissez de ne pas vous ouvrir à elle maintenant, ne vous dites pas que c'est pour toujours. Essayez d'améliorer le dialogue, investissez-vous dans votre couple. Dans tous les cas, parlez ensemble avant qu'il ne soit trop tard.

Un ami

L'amitié (la vraie, pas celle de Facebook) sera dans tous les cas un solide appui pour sortir la tête de l'eau. Si votre allié n'est pas dépendant, c'est préférable pour vous, toutefois s'il l'est, mieux vaut qu'il ait la volonté de s'en sortir aussi.

On me demande souvent comment ont réagi mes amis à qui j'ai parlé de mes difficultés, de mon sevrage et de mon site. La réponse est nette : ils ont bien réagi, sinon ce ne serait pas des amis !

Sylvain est de ceux qui ont décidé de se faire aider par un proche : « Il faut parler ! Je souscris entièrement. Je suis resté silencieux de longues années. Je pensais toujours pouvoir m'en sortir tout seul. Du coup, je me trouvais toujours des excuses et le temps s'écoulait, perdu à jamais. La honte, la fierté, le déni, la peur de décevoir, tous ces sentiments, je les ai éprouvés et ils m'ont empêché de parler. Si à l'époque j'avais pu avoir accès à un site comme le tien, j'aurais sûrement pris conscience de ma situation. Un jour j'en ai parlé à un ami, il m'a aidé bien au-delà de ce que je pouvais attendre d'un ami, mais il habitait loin et je ne voyais pas d'amélioration. Par désespoir, j'ai coupé contact. Grave erreur ! Sans son soutien

---

[62] Comme vu plus haut dans « Les conséquences possibles ».

ce fut la chute libre ! Il m'a fallu plus de deux ans pour comprendre que j'avais au contraire besoin de son aide et qu'il fallait que je parle à d'autres. »

Choisissez avec soin celui à qui vous parlerez. L'amitié se construit sur les confidences. Celle que vous ferez est une confidence particulière, c'est une belle preuve de confiance et d'humilité. Vous vous rendez vulnérable en quelque sorte. Ne racontez pas votre vie à n'importe qui.

« Maintenant, comme le plus important reste l'écoute et le dialogue, il est clair qu'une autre personne pleine d'empathie et de respect peut faire l'affaire. »[63] Vous pouvez donc opter pour un tiers de confiance qui ne soit pas forcément un proche.

Un médecin

Je ne pense pas qu'un médecin généraliste soit à même de bien vous orienter, mais ce peut être un bon premier pas. Ils sont tenus par le secret médical. Cela peut vous faire du bien de vous ouvrir à l'un d'eux. Médecin du travail, médecin traitant, médecin scolaire, ils sont tous sous le sceau du secret professionnel : vous pouvez parler tranquille.

Un « psy »

Il est parfois nécessaire de consulter un spécialiste quand on n'a personne autour de soi pour en parler, quand des événements graves sont à l'origine de la dépendance (attouchements, viols, dépression, etc.) ou quand l'addiction va trop loin.

Des chercheurs anglais ont trouvé une corrélation

---

[63] ORROZ, *Les Dangers du Sexe sur Internet*, p. 193 *op. cit.* note n° 25 p. 28.

AVANT J'ÉTAIS ACCRO AU PORNO

entre le QI élevé des enfants et leurs chances de consommer des drogues dans leur vie future[64]. C'est le sens de ce que m'écrivait une personne concernée par le sujet : « Nous avons une particularité, c'est que dans notre tête, ça pense tout le temps, comme le hamster tourne sans arrêt dans sa roue. Même la nuit ! Les enfants s'en libèrent par les jeux vidéo, et nous, par les sites de cul. Enfin, ça cesse de tourner ! »[65] Si les « surdoués » sont plus enclins que les autres à devenir addicts pour l'emballement de leur cerveau, cela constitue pour eux une occasion supplémentaire de voir un psy. Mais ce n'est qu'un exemple parmi tant d'autres : les raisons pour lesquelles vous pourriez avoir besoin de consulter un spécialiste sont nombreuses.

Parmi ces professionnels, vous pourrez contacter plusieurs types de praticiens : un psychiatre (qui est un médecin spécialisé), un psychologue (non-médecin), un psychothérapeute… Chaque « psy » a ses spécificités : l'un aura une méthode liée à la psychanalyse freudienne, un autre lié à la psychanalyse analytique, à la thérapie familiale, etc. Renseignez-vous près de chez vous. Sinon Internet regorge de psys qui consultent par téléphone ou Skype. Et enfin, des centres d'addictologie sont implantés partout en France. Ils vous orienteront.

Sachez que « les thérapies sont efficaces. Le repérage est fiable et facile. Le phénomène du *craving* permet de prédire aisément le niveau de sévérité et de cibler le moteur de la rechute. »[66]

---

[64] *Intelligence across childhood in relation to illegal drug use in adulthood: 1970 British Cohort Study,* Jech.bmj.com/content/early/2011/10/28/jech-2011-200252

[65] J'ai rencontré deux autres personnes qui ont confirmé cette idée.

[66] Pr Marc Auriacombe (chercheur et chef du pôle Addiction du centre hos-

Il n'existe pas de méthode magique pour sortir de l'addiction. La thérapie n'est pas un passage obligé, mais peut être une solide béquille ou un tremplin à un moment donné de votre démarche. Stéphane écrit : « Je ne suis qu'au tout début de ma thérapie. Ce qui est certain, c'est que cela me fait du bien. Je n'ai jamais autant avancé que depuis que j'ai ces rendez-vous qui reviennent chaque semaine. » Il convient aussi de toujours garder un esprit critique sur la thérapie afin d'éviter toute forme de dérive (sans toutefois y aller en présupposant avoir affaire à un charlatan). Le lien avec le thérapeute est souvent aussi important que la thérapie elle-même. Si vous en avez besoin, n'hésitez donc pas à en rencontrer plusieurs et à ne garder que celui qui vous fera avancer.

Enfin, il y a différents niveaux d'attachement à un comportement et tous n'ont pas besoin d'une prise en charge psychologique. Ainsi, vous n'aurez pas obligatoirement besoin de consulter.

Une personne de religion

Si vos motivations sont religieuses, rencontrer régulièrement quelqu'un de la religion peut être une bonne idée : imam, prêtre, rabbin, pasteur, moine ou bonze, qui sais-je encore… Attention cependant, ces rencontres doivent finir par atteindre des limites, car on ne peut pas leur demander d'être experts en tous les domaines : psychologie, théologie, sophrologie, sexologie, finances… Si ça peut vous aider, n'hésitez pas. Et ne vous laissez pas aller à la mauvaise culpabilité.

---

pitalier Ch. Perrens de Bordeaux) lors de la conférence donnée à Cap Sciences (Bordeaux) le 20/01/2015 : *Pornographie : de l'habitude à l'addiction.*

Les forums internet

Il existe sur Internet des lieux d'échanges pour parler de sa dépendance avec d'autres qui sont – ou ont été – dans la même situation que vous. Vous les trouverez sur le Net en quelques clics[67]. Ce sont des bases de données très riches sur le sujet puisqu'elles capitalisent des années de conversations. Les thèmes abordés y sont variés. Vous y ferez des rencontres virtuelles saines. Une fois inscrit, beaucoup de conversations se font en *off*. L'entraide est adaptée à la personnalité de chacun : vous pourrez aller à la pêche aux astuces.

Si les forums peuvent être une précieuse aide pendant un temps, je crois que vous finirez cependant par tourner en rond si vous ne vous contentez que d'eux. Pour s'en sortir, rien ne vaut le contact humain, le vrai, avec des personnes que l'on connaît et côtoie. Pas seulement le virtuel.

Les DASA

DASA France (Dépendants Affectifs et Sexuels Anonymes) est une fraternité d'hommes et de femmes pratiquant le rétablissement selon le modèle établi par les Alcooliques Anonymes. Pour être membre de DASA, il suffit que vous ayez le désir de mettre fin à vos comportements de dépendance affective et/ou sexuelle. L'accès aux réunions est libre et gratuit. Il n'y a pas de cotisation ni de frais d'inscription à payer. Renseignez-vous, il y en a sûrement près de chez vous. Les Alcooliques Anonymes ont fait leurs preuves, DASA aussi ! James est dépendant sexuel : « Au début, ça [les DASA] m'a fait beaucoup de

---

[67] Dependance-sexuelle.com ou Pornodependance.com pour les forums français.

bien, en me permettant de me délivrer de mon histoire. Et puis, j'ai pris conscience que je n'étais pas seul dans ce cas, et ça aussi, c'est important. Ensuite, j'ai commencé à aller mieux, et je suis passé par une phase où je ne supportais plus d'y aller. J'avais l'impression d'absorber tout le mal-être des autres, ça me tirait de nouveau vers le bas. »[68] Il ajoute : « ce qui m'aide le plus, c'est tout le travail en face à face que je fais avec mon psy ».

Dominique fait partie des DASA, il a pris du recul sur sa dépendance grâce à ce groupe : « se voir avec d'autres en vrai et sans faux-semblant ou pseudonyme, c'est très riche pour moi. Comme nous étions confrontés à des problèmes similaires, voir que certains trouvaient des façons d'opérer de vrais changements là où il fallait pour réussir à améliorer leur condition, et pas seulement s'encourager à une abstinence qui n'est pas une fin en soi. »

Verbaliser, rompre avec le mensonge

Qui que vous choisissiez, le simple fait d'en parler va vous permettre de verbaliser, de réfléchir sur vous-même. Vous allez devoir poser des mots sur ce que vous avez vécu et ce que vous vivez maintenant. C'est loin d'être un exercice facile car « pour un homme il n'y a jamais de problèmes. Enfin ce n'est pas qu'il n'y a jamais de problèmes, c'est qu'il n'y a jamais de raisons d'en parler. »[69] Vous devez accepter de dire que, non, vous ne vous arrêtez pas quand vous voulez. Non, vous ne pouvez pas

---

[68] James 40 ans cité *in* FLORENCE SANDIS et JEAN-BENOÎT DUMONTEIX, *Les Sex Addict*, p. 198 *op. cit.* note n° 29 p. 31.

[69] PAUL DEWANDRE, *Les Hommes viennent de Mars et les Femmes de Vénus*, un spectacle que je conseille ardemment pour (ré)apprendre le dialogue en couple en douceur.

vous en passer quand vous y avez accès. C'est très important d'être capable de poser un regard juste sur soi et d'accepter de s'en ouvrir à un autre. Cela aide à prendre du recul sur ce qui est vécu. Réfléchissez à la transparence délirante des scènes pornos : les gros plans sexuels, des êtres humains nus qui montrent tout de leur intimité. Maintenant, mettez cela en regard de l'opacité que vous maintenez sur votre problème d'addiction. N'y a-t-il pas là un souci d'équilibre ?

La première aide – et non des moindres – que ma femme m'apportait, c'était justement de m'écouter. Pour cela, vous aurez besoin de prendre des moments d'intimité[70]. Durant ces temps, vous ferez le point sur ce que vous ressentez chacun, honnêtement. Quelle est votre vie ? Comment percevez-vous ce que fait ou dit l'autre[71] ? Ne soyez pas sur la défensive, mais au contraire bienveillant et sachez demander pardon. Bref, dialoguez !

Si votre vie sexuelle est active, c'est important de pouvoir parler de tout. À froid, sans animosité ni excitation. J'expliquais par exemple à ma compagne que telle ou telle position me rappelait trop les vidéos X et que je préférais l'éviter. Évoquez aussi la fréquence, la manière de faire, ce qui procure du plaisir, ce qui dérange. Libérez la parole, complètement.

« Tu as fait quoi aujourd'hui ? » questionna-t-elle. Il pensa : « Je suis allé sur trois sites de cul différents, j'ai tchatté pendant deux heures et je me suis masturbé quatre

---

[70] Avez-vous remarqué comme un long trajet en voiture à deux est propice au dialogue en profondeur ?

[71] Mais attention, le « tu » tue : en disant ce que vous ressentez, vous éviterez de plaquer des intentions sur l'autre alors qu'il ne les avait peut-être pas. C'est différent de s'être senti blessé et que l'autre ait blessé à dessein.

fois. » Au lieu de ça, il s'entendit dire : « J'ai galéré sur mon fichier Excel, mais j'ai réussi à bien avancer. »

Ce genre de scène est vraiment générateur de souffrance chez l'addict. Rompre avec le mensonge (quand c'est possible), c'est faire preuve d'humilité, c'est déjà commencer à se battre.

Dédramatiser

Dites-vous bien que la pornographie est maintenant ultra-banalisée. Elle concerne tout le monde de près ou de loin, sans distinction de catégorie sociale ou de tranche d'âge. Pour beaucoup, c'est devenu une simple routine banale comme de se brosser les dents. Le déni absolu de la souffrance des addicts et de la dangerosité de la pornographie participe à sa banalisation. Des millions de personnes sont concernées. En parler va vous permettre de crever l'abcès, replacer la pornographie à sa juste place, là où vous voulez qu'elle soit. C'est-à-dire une mascarade sans grand intérêt.

Le simple fait de verbaliser ses tentations, son état d'esprit, aide le plus souvent à faire retomber le soufflé. En amont de la rechute, je disais à ma moitié quand j'avais envie de passer à l'acte. Elle dédramatisait et me changeait les idées. Si je rechutais, le contrat de transparence requérait que je le lui dise. Ça la désolait et du coup cela me motivait pour ne pas récidiver.

Ce qui est valable pour les rechutes est aussi valable pour les sentiments amoureux : la volonté doit jouer son rôle. Promettre à quelqu'un qu'on sera amoureux d'elle toute sa vie, si l'on n'y met pas du sien, c'est comme lui promettre qu'il fera beau toutes les premières semaines de juillet ! Cela n'a aucun sens. Encore une fois, dans ce domaine, je crois beaucoup à la volonté. « Il n'y a pas sans doute un seul amour qui ne puisse devenir grand et beau si l'on en jure ; et le plus bel amour ne va pas loin si on le regarde courir », écrit Alain[72]. Si donc vous commencez à vous sentir attiré par une tierce personne et que, au fond de vous, vous ne *voulez pas* aller plus loin avec elle, je crois que la première des choses à faire est de s'en ouvrir à son conjoint avant de véritablement tomber amoureux[73]. Si cela ne vous est jamais arrivé, cela vous arrivera sûrement, et pas qu'une fois[74] ! Vous verrez, ça dédramatise considérablement l'attirance. Au contraire, si vous laissez couler, vous finirez par vous retrouver dans le lit d'un tiers. Si cela peut être plaisant sur le moment, il faut aussi en assumer les conséquences… et accepter qu'elles pèsent sur vos proches (on est toujours interdépendants).

Quelqu'un m'écrivait un jour qu'un de ses amis lui avait promis de l'emmener au restaurant quand il serait en passe d'être tiré d'affaire. Cette perspective l'avait amusé et motivé. C'est si bon de pouvoir parler simplement, avec un suivi, sans se sentir jugé.

En bref, vous aurez droit à une supervision. Vous pourrez expliquer vos rechutes, fêter des déclics, vous réjouir de vos progrès.

---

[72] ALAIN, *Esquisse de l'homme*, 1926. Il écrit aussi, non sans humour, à propos de l'amour sans volonté : « Imaginez ce discours de l'amoureux hypocondriaque : "Je suis bien forcé de dire que je vous aime, et je ne puis faire autrement. J'ai cherché vainement quelque symptôme annonçant la guérison, mais je n'en trouve point. Voici donc l'hommage que je vous fais. Je suis lié à vous par une nécessité de nature ; je voudrais me délier, et je ne puis. Je ne vous promets rien, sinon de joyeusement fuir dès que je le pourrai." Ce discours est en vérité injurieux » !

[73] Entre l'attirance et le sentiment amoureux, il y a généralement un certain laps de temps qui s'écoule.

[74] Celui qui affirmera le contraire est un menteur.

Jusqu'où aller dans la transparence

Vous avez peur de vous faire taxer de « cochon », de « pervers » ou de « dégueulasse »[75] ? C'est en effet un risque à ne pas négliger. Êtes-vous habitué au dialogue ? Êtes-vous sûr de vos amis ? Ce sont des questions importantes à se poser avant d'entamer une telle discussion. Une fois que vous aurez franchi le pas, je ne vous conseille pas d'entrer dans tous les détails. Certaines choses sont trop stupides pour être racontées, ne sont pas nécessaires à l'autre pour vous aider.

Sachez trouver l'équilibre, décrire ce que vous vivez et poser des mots sur votre comportement. Aline, 24 ans a failli quitter son copain : « Je voulais vous féliciter pour votre site, qui va pas mal nous aider mon compagnon et moi. Il m'a d'ailleurs aidé à me raisonner, à ne pas le quitter de suite. » Lorsque le conjoint est partie prenante dans le sevrage, il se sent moins impuissant et c'est moins difficile à vivre, cela fait renaître l'espoir d'une vie meilleure à deux.

Océane a vécu deux ans avec un homme qui n'arrive pas à se regarder dans le miroir et à aimer les autres, car il est addict à la pornographie : « La colère peut rapidement l'emporter, mais ce n'est pas une solution. » Elle savait quand il tombait dans la spirale : les traces sur les vêtements, les photos sur son ordinateur, des rapports sexuels très espacés, une incapacité à aller jusqu'au bout du rapport. Elle essayait de réamorcer le dialogue, finalement la « tristesse l'a emportée à de nombreuses reprises et puis la peur, la peur d'entendre. »

Un jour, ma femme en a eu assez de tout ça. J'étais

---

[75] Je ne crois pas que ces qualificatifs puissent décrire la dépendance.

bien avancé dans mon sevrage et je ne lui disais donc plus quand je rechutais, mais je lui demandais de temps en temps de rentrer le mot de passe pour affiner les paramètres du filtrage web. Elle devait certainement comprendre pourquoi j'avais besoin du mot de passe. Il m'arrivait tout de même de lui avouer « en ce moment, j'ai du mal » alors elle me remontait simplement le moral.

Si vous ne voulez ou ne pouvez pas être un minimum transparent, une astuce est d'évoquer la volonté d'être plus libre des sites d'information, des réseaux sociaux, des jeux en ligne. Des sites chronophages et pas si indispensables en somme (au début de la téléphonie mobile, il n'y avait pas Internet sur les portables !) C'est l'occasion de décrocher un peu la tête du Web et de grandement faciliter votre sevrage !

Exercices pratiques

1. *Quelles sont les personnes à qui j'ai confié des choses que je n'ai confiées qu'à une ou deux autres ? Avec qui suis-je honnête et sans fard ?*

2. *Qu'est-ce qui me bloque pour parler de mon addiction ? De quoi ai-je peur ? Suis-je conscient que je n'y arriverai jamais seul ?*

3. *Ai-je suffisamment de moments d'intimité avec mes bons amis ? Avec ma conjointe ? Sinon, comment puis-je dégager du temps avec eux ?*

4. *Est-ce que j'arrive à rester affable et agréable à vivre après mes rechutes ? Ou bien suis-je aigri et pénible dans ces moments-là ?*

5. *Est-ce que je sais reconnaître humblement mes erreurs sans me dévaloriser et sans me braquer ?*

6. *Est-ce que je sais vraiment écouter, sans forcément chercher de solutions, juste en rejoignant l'autre là où il en est ?*

Notes

4   POSER DES BARRIÈRES « ANTI-ZOMBIES »

> « Le sanglier reste un animal sauvage
> et, poursuivi par un chien,
> il forcera n'importe quelle clôture
> à moins que ce ne soit un mur ! »
> sangliere.net

Pourquoi c'est vraiment nécessaire

La survenue d'une addiction repose en premier lieu sur la disponibilité du produit. Or le porno est omniprésent. Sa mise à disposition immédiate a certainement contribué à augmenter le taux d'addiction dans la population. Pierre raconte : « Lorsque je suis loin de mon ordinateur ou d'une connexion internet, aucun problème, mais dès qu'une possibilité s'esquisse, les pulsions se déchainent. Je passe d'un état à l'autre instantanément. » Ce passage instantané d'un état de volonté à un état de non-volonté, tous les accros au porno le connaissent bien. Il peut venir n'importe quand, n'importe où, et ce d'autant plus facilement depuis l'arrivée des smartphones et de la 4G. Il est illusoire de croire qu'en se forçant à penser à autre chose qu'à son envie de X, celle-ci s'effacera. Au contraire, une sorte d'effet Streisand se met alors en place : les images que l'on veut se cacher sont mises en valeur dans l'imaginaire et on finit par lâcher. Il faut traiter l'addiction dans sa globalité en traitant les causes et les symptômes que sont les masturbations devant des images pornographiques. Les dépendants ont généralement l'impression d'être infantilisés par ces filtrages. Il n'en est rien s'ils sont choisis. Vous ferez alors une vraie expérience de liberté. En effet, le zombie qui sommeille au fond de vous verra qu'il lui est difficile – voire impossible – d'accéder à ses images. Il vous laissera alors de plus en plus tranquille.

Rappelez-vous l'histoire d'Ulysse et des sirènes. Elles charmaient les hommes de leurs chants pour ensuite les faire périr. Ulysse parvint à résister à leurs appels en bouchant les oreilles de ses matelots et en s'attachant lui-même au mât de son bateau. Cette tactique lui valut la vie.

Comment vivre avec

S'empêcher l'accès, ou du moins le rendre difficile, est strictement in-dis-pen-sable pour mettre un terme à votre consommation de pornographie. Il faut vous soustraire à toutes ces choses qui vous titillent : coupez les ponts avec toute forme d'images pornos ou de contenu érotique[76]. Ces garde-fous seront là pour vous faire retrouver progressivement votre liberté sexuelle. C'est la partie la plus technique du plan d'action en fonction de vos accès à Internet et de vos habitudes ou contraintes informatiques.

[76] Car de fil en aiguille, il vous ramènera à la pornographie durant votre sevrage (cf. p. 24).

C'est là qu'il s'agit de la jouer finement : le méchant zombie cherchera bien des parades, mais vu que vous aurez passé du temps à construire des palissades : 1/ il aura du mal et 2/ vous l'en empêcherez, car vous ne voulez pas avoir à tout reconstruire à chaque fois. En effet, vous dénicherez toujours des sources de stimulation sur Internet (pages non filtrées, articles Wikipédia, photos de mannequins, etc.) En coupant les grosses racines, vous constaterez que le reste mourra naturellement, petit à petit. Si vous rechutez, supprimez autant de fois qu'il le faudra les accès aux supports érotico-pornographiques que vous aurez pu dénicher, car il est impossible de complètement bunkeriser sa vie.

Une autre image est parlante concernant les contrôles parentaux : celle de l'agriculteur et des sangliers. Un cultivateur exploitait un champ de maïs qu'il souhaitait protéger des sangliers. Pour cela, il eut un jour l'idée de commander une clôture électrique dédiée à cet usage. Tout content, il se dit : « Fini les soucis, les cochons vont enfin laisser mon maïs tranquille. » C'était bien mal les connaître, ceux-ci repérèrent rapidement un passage dans un creux du terrain que notre homme avait oublié. Il boucha donc ce trou. Patiemment, il fit de même avec chaque faille que les sangliers trouvaient. « Encore une faille ! Je la comble » disait-il. Au bout d'un moment, les bêtes se sont découragées et le maïs poussa tranquillement pendant de longues années.

Vous êtes cet agriculteur. Les sangliers sont vos pulsions pornographiques. Les barrières sont les filtrages web[77] souvent désignés sous le terme de « contrôles pa-

---

[77] Je devrais ajouter « notamment » car les barrières sont en réalité tous les moyens que vous prendrez pour reprendre votre vie en main.

rentaux ». Je n'aime pas ce terme, car à première vue, il est infantilisant. Pourtant, il n'est pas honteux de marcher avec des béquilles quand on fait de la rééducation. Il n'est pas non plus honteux pour un adulte d'installer un contrôle parental contre le porno sur sa machine. C'est une aide, pas une sanction. Si c'est indispensable au début, avec le temps, vous pourrez vous en passer. Ludovic m'écrivait : « Avant de prendre les bonnes décisions, je me soulageais du matin au soir avec du X. Depuis qu'avec ma femme on a mis en place tes méthodes, je me sens mille fois plus libre. » Un autre de mes lecteurs avait établi la stratégie suivante : il avait décidé d'arrêter la masturbation et de continuer à regarder des contenus pornographiques. Au bout de quelques mois, il m'écrit : « Ça n'a pas marché parce que, persuadé que ça m'aidait, je me suis plus que jamais embourbé dans le porno… Et au final, c'est comme si ça avait accentué ma dépendance. J'abandonne cette méthode. Je suis passé à la bunkerisation de mes appareils informatiques. »

Il y aura des failles dans le système, c'est inévitable. Le contrôle parental parfait n'existe pas, cela se saurait. L'idée est de se poser des barrières et de les respecter au maximum. Une personne se donne le mal d'être administrateur de votre ordi ou d'avoir vos mots de passe temporaires. Ne soyez pas joueur. D'autant plus que vous devrez mettre des barrières encore plus restrictives à chaque fois que vous en ferez sauter une. Je ne vous invite pas à vous construire une prison numérique. Tout est dans l'équilibre. Le filtrage est là pour vous ralentir dans votre élan pulsionnel, pour vous faire passer l'envie d'aller surfer sur du porno en vous donnant l'occasion de vous tourner vers autre chose.

Autre certitude : il faudra toujours à un moment donné changer vos habitudes informatiques. Vous devrez par exemple accepter de ne plus avoir de navigateur internet sur votre téléphone (sans pour autant dire automatiquement au revoir à votre smartphone), de ne plus pouvoir installer n'importe quelle application sur votre session… Vous verrez, le jeu en vaut la chandelle et ouvre de nouveaux horizons de liberté ! Moi-même qui suis un peu geek, ça ne m'a pas pesé tant que ça. Ce changement devra être à la mesure de vos compétences informatiques, du temps que vous passez devant les écrans et de la profondeur de votre addiction. Philippe m'explique que le blocage par serveur DNS est plus facile à installer pour lui qu'un logiciel de contrôle parental car il n'a encore personne à qui confier ses mots de passe. Il conclut ainsi : « ça a très bien marché, je n'ai plus regardé de pornographie sur mon ordinateur ! »

Pour certains, ce sera plus compliqué que pour d'autres. Mais je suis sûr qu'il y a autant de solutions que de modes de vie. Un auto-entrepreneur à domicile pourra par exemple utiliser un mot de passe temporaire pour son contrôle parental, un autre pourra aller bosser dans une pépinière d'entreprise, un jeune pourra lâcher son smartphone pour un téléphone tout simple qui… téléphone. Bref, il s'agit d'être inventif et créatif.

Les technologies que vous utilisez au moment où vous me lisez ne sont peut-être pas encore sur le marché à l'heure où j'écris ces lignes. Les moyens mis en œuvre par l'industrie du porno changent aussi sans arrêt. Ce serait donc un mensonge que de dire que je vais dresser une liste complète des moyens de filtrage qui existent. Les solutions que je vous propose sont loin d'être exhaustives et universelles, mais elles peuvent vous aider. Examinons-en quelques-unes.

Comment les poser sur son ordinateur

Vous allez certainement grimacer en lisant cela, mais la première chose à faire est de régler un compte administrateur sur chacun de vos ordinateurs (même sur vos tablettes, c'est désormais possible assez simplement) et de passer le vôtre en simple compte utilisateur. Beaucoup rechignent, car cela fige la machine dans un état donné, sans possibilité d'installer une nouvelle application, ni de mettre le système d'exploitation à jour sans le mot de passe administrateur. Et celui-ci est détenu par votre tiers de confiance. C'est indispensable et inévitable, car la plupart des logiciels de filtrage peuvent être bipassés avec ces droits administrateurs. Dès lors, ils ne sont efficaces que lorsque la session utilisée n'en dispose pas.

Ensuite, paramétrez un contrôle parental. Personnellement, j'avais opté pour le contrôle natif de Mac OS qui me suffisait bien. Le problème, c'est qu'il bloquait tous les sites en « http*s* ». Pour éviter trop de désagréments, passez donc un peu de temps avec un mot de passe que vous connaissez pour débloquer tous les sites dont vous vous servez régulièrement. Pour les autres systèmes d'exploitation, beaucoup de solutions existent qui ne se valent pas toutes. Le logiciel K9[78] fait consensus au sein de la communauté des accros au porno sevrés ou en sevrage. Il est en anglais, mais très complet. Un de ses gros avantages est de pouvoir renseigner l'adresse email d'un tiers de confiance dans les préférences et de lui envoyer des demandes de mot de passe à distance. Vous pourrez aussi lui demander d'empêcher l'accès à Internet pendant une durée donnée si un certain nombre de pages sont bloquées dans un court intervalle de temps (en période de

---

[78] K9webprotection.com.

craving). Les catégories à bloquer sont très ciblées : le paramétrage est vraiment personnalisable.

En France, tout fournisseur d'accès à Internet est tenu
de mettre à disposition de ses clients un système de contrôle parental. Ils ne sont certes pas très performants,
mais ont le mérite d'exister pour les non-anglophones.
Norton commercialise un contrôle parental qui s'adapte
aussi aux téléphones[79]. Il existe des extensions sur les na-
vigateurs comme Procon Latte, Stop-it.be, etc. À vous de
trouver la méthode qui vous convient le mieux.

En fonction de votre utilisation de l'ordinateur, ce sera
plus ou moins difficile de tout paramétrer. « Je dois dire
que là j'ai fait pas mal de recherche cette semaine pour
arriver à mes fins », raconte Jackie. « J'ai recherché comment bloquer chaque appareil. » Et des appareils, il en a :
« J'ai ainsi bloqué avec un code PIN l'accès aux naviga-
teurs internet de ma Wii U, ma PS3, ma Xbox 360, ma
Wii, mes 3DS... » Plus vous chercherez[80] et peaufinerez
vos moyens, moins vous aurez envie de les contourner.

Si vous n'avez personne à domicile pour détenir vos
mots de passe, plusieurs solutions s'offrent à vous. Vous
pouvez opter pour la prise de contrôle de l'ordinateur à
distance. Des logiciels comme Teamviewer, Skype ou
Google Hangout permettent de faire cela facilement.
Votre tiers de confiance prend la main à distance sur
votre poste pour renseigner le mot de passe nécessaire :
vous bouchez les trous dans la raquette et vous voilà avec
des protections plus complètes. C'est la première solution.

---

[79] Onlinefamily.norton.com que je déconseille car il ne fonctionne pas en
mode « navigation privée ». K9 reste une valeur sûre.

[80] Regardez aussi du côté de Netnanny, Covenanteyes, Mcafee, etc.

Des logiciels comme K9 ont une option pour recevoir des mots de passe temporaires sur une adresse email de votre choix. C'est aussi une solution. Je suis par exemple destinataire de ces mots de passe pour quelques accros en sevrage que j'aide. Je les leur transmets et ils complètent leurs paramètres quand ils ont trouvé des failles. Un contrôle parental n'est vraiment efficace que si l'on a quelqu'un pour renseigner un mot de passe. L'utilisation de mots de passe aléatoires que l'on oublie est à éviter tant que faire se peut car il y a toujours des problèmes de paramétrage[81]. C'est la deuxième solution. Enfin, il existe des logiciels de « redevabilité » (*accountability* en anglais) qui envoient un rapport détaillé de votre utilisation d'Internet à votre tiers de confiance. Il ne faut pas y voir un espionnage ou une humiliation, mais une transparence que l'on se force à avoir. Si aller sur un site porno n'a aucune incidence concrète sur votre vie, ce sera très difficile de vous en sortir. C'est la troisième solution. Celle que Silvio a adoptée avec succès. Il m'écrit : « Bonne méthode, merci ! Je l'utilise ! J'ai aussi supprimé toutes les applications qui me permettaient d'accéder à du contenu "excitant pour moi" (genre 20minutes, Facebook, Tilllate). Je n'utilise Internet et Facebook qu'à travers un programme qui envoie mon historique à mon meilleur ami. »

La navigation privée, si elle est utile pour un développeur de sites web, est une plaie pour l'accro au porno. Rien n'est stocké sur le navigateur, pas de cookies, pas d'historique, rien. Seul le fournisseur d'accès (et donc aussi votre employeur si vous l'utilisez au bureau) peut savoir sur quels sites vous avez surfé. À l'heure actuelle, il existe une bribe de contrôle parental sur le navigateur Chrome

---

[81] Auquel cas il ne reste qu'à formater l'ordinateur.

qui bloque les recherches en Safesearch et n'autorise pas la navigation privée. K9 et le contrôle parental d'Apple sont les seuls que je connaisse qui marchent aussi en mode incognito.

Si vous étiez adepte des sites de rencontres ou de cam supprimez tous vos contacts, installez un filtre vers la corbeille ou les spams dès qu'un message vient d'un de vos anciens contacts indésirables. Fermez vos comptes destinés à cet usage : sur les forums, sur Skype, et même vos boîtes mail si nécessaire. Bref, opérez une véritable épuration. Si l'on vous recontacte, soyez cruel et ferme. Les sites de show cams ne sont pas des entreprises de charité à vocation philanthropique, leur but est de vous fidéliser. Il faut savoir ce que vous voulez.

Enfin, soyez conscient que tout ce que vous mettez en place est faillible. Aucune barrière n'est totalement infranchissable. Donc, dans le pire des cas, même si cela vous fend le cœur et que ce n'est pas facile, choisissez de résilier votre abonnement à Internet. Quand nous avons emménagé ensemble avec ma femme, c'est ce que nous avons décidé. Nous n'avons pas eu Internet pendant six mois. Nous allions au McDonald's pour consulter nos emails (à l'époque, il n'y avait pas de smartphones).

Et puis, si vous rencontrez des problèmes techniques, allez demander conseil sur les forums de discussions ou à un proche qui s'y connaît en informatique.

Des solutions pour les smartphones

Attention, je ne fais pas dans la dentelle ! Le porno est présent sur beaucoup de sites et même d'applications. Ma solution vous paraîtra un brin radicale. Pourtant, seule la radicalité paye.

« Merci Florent, c'est grâce à ta page web que j'ai pu bloquer mon Smartphone en installant App Protector Pro. Le simple fait de savoir que je n'avais plus de moyen d'accéder à la pornographie a fait pratiquement disparaître le sentiment de manque », m'écrit Sylvain. Voilà ce qui m'a sauvé, moi aussi, sur mon téléphone : bloquer l'accès au navigateur, à l'App Store et aux applications qui étaient dangereuses pour moi. Pour cela, j'ai utilisé une application avec mot de passe (App Protector Pro dans mon cas, mais il en existe d'autres). Couper les accès à tous ces logiciels m'a vraiment aidé car au début, je n'avais bloqué que l'appli « Internet ». À chaque pulsion, j'installais un nouveau navigateur que je désinstallais tout de suite après ma virée sur le Net. En verrouillant l'App Store, vous figez votre appareil dans un état donné. Quand vous voudrez installer une nouvelle application, vous demanderez le mot de passe à votre tiers de confiance.

C'est une solution. Sur iPhone, vous pouvez utiliser les restrictions. Des logiciels permettent aussi d'avoir des rapports de « redevabilité » envoyés à votre « parrain »[82].

Certains filtrages (dont K9) s'adaptent au téléphone. Vous aurez alors à utiliser le navigateur dédié et remiser de côté le navigateur par défaut. Cette solution est à creuser sérieusement.

Une autre astuce qui peut venir en complément des autres, c'est d'installer une application de contrôle de temps sur son téléphone. Sur les téléphones Android, je connais par exemple UBhind – Mobile Life Pattern. Outre le fait de mesurer le temps passé devant l'écran, elle offre la possibilité de bloquer son appareil à certains ho-

---

[82] Covenant Eyes, X3watch ou K9 pour ne citer qu'eux.

raires de la semaine en ne gardant accessible qu'une liste blanche d'applications. Le tout entièrement paramétrable. Dans sa description, on peut lire : « Cette appli est destinée à ceux qui utilisent toujours le portable dans les transports en commun tels que le bus ou le métro, ceux qui portent toujours leur smartphone dans une main, ceux qui n'arrivent pas à lire un livre plus de cinq minutes de suite sans regarder leur portable, ceux qui n'arrivent pas à se concentrer au travail à cause de leur téléphone. »[83] Par exemple, entre telle et telle heure, vous n'avez accès qu'à votre appareil photo, à vos contacts, aux pages jaunes, au GPS et à la fonction d'appels. Bref, à une liste personnalisable d'applications. C'est une barrière supplémentaire.

De plus, pourquoi avoir un gros forfait de données quand 500 Mo peuvent suffire ? Vous pouvez aussi désactiver le WiFi pour certains appareils, dont votre téléphone (soit à certains horaires, soit en permanence)[84].

Enfin, si vous souhaitez vous sentir plus libre, il reste l'option de choisir un téléphone tout simple, à l'ancienne, qui téléphone. Il y en a encore quelques-uns sur le marché. Quitte à être radical, autant l'être intelligemment.

À la TV, sur la console

Les box TV ont maintenant une fonctionnalité qui permet de naviguer sur Internet sur sa télévision. On appelle cela des « smart TV », car elles ont, comme les smartphones, des applications et l'accès à la toile (la problématique est la même avec les consoles nouvelle génération). Il vous faudra couper l'accès de la télévision à

---

[83] Descriptif de l'application UBhind (Rinasoftglobal.com).

[84] Voir le paragraphe suivant « À la TV ».

Internet depuis votre box. Renseignez-vous sur le site d'assistance de votre opérateur. Il existe souvent une plateforme sur laquelle vous pourrez régler plus ou moins finement le niveau de blocage de n'importe lequel de vos appareils connectés[85].

Si votre ordinateur ressemble maintenant à une forteresse, pourquoi ne pas mettre votre télé au placard et la regarder sur votre PC ?

En déplacement à l'hôtel, débranchez-la et mettez la télécommande loin de votre lit (voire à l'accueil). Vous serez moins tenté en pleine nuit de l'allumer et en meilleure forme le lendemain !

Bref, remettez en question vos habitudes et celles de votre famille. Une fois ce travail accompli, cherchez, fouillez, fouinez. Et trouvez des solutions.

Exercices pratiques

1. *Suis-je assez mûr dans ma démarche pour accepter de marcher avec une béquille ?*

2. *Quelle est la liste des sites, des applications ou de leurs fonctionnalités qui me posent problème ?*

3. *Suis-je prêt à m'en passer ou à les brider ? À trouver des alternatives ? Éventuellement, à prendre plus de temps pour réaliser les choses qui étaient rapides à faire en les utilisant ?*

4. *Quelle stratégie globale pourrais-je élaborer quant à mon utilisation de l'informatique ?*

5. *Quelles sont les tactiques particulières pour chaque appareil qui pourraient m'aider (quitte à les mettre au placard) ?*

---

[85] Chez SFR, par exemple, il s'agit de Control-access.sfr.fr.

Notes

5 L'HYGIÈNE DE VIE : UNE CLÉ ET UNE CONSÉQUENCE

« Ça, la volonté, c'est toujours payant ! »
Mme Musquin

En quoi cela va vous aider

Je vous ai montré comment gagner en liberté en parlant de votre problème et en vous mettant des bâtons dans les roues pour accéder au X. En cela, vous ne vous direz plus que – peut-être – vous pourriez prendre votre téléphone pour aller voir des photos de mannequins qui vous mèneront, avec persévérance, vers des horizons peuplés d'hommes et de femmes en mal de sexe. Ce n'était qu'un pré-liminaire : ce sont des conditions nécessaires, mais pas encore suffisantes. Ce n'est pas en traitant uniquement les symptômes que l'on guérit, cela se saurait. Il faut aussi (et surtout) s'atteler aux causes. J'ai pu constater que c'est en pratiquant l'exact opposé de ce qui me menait à la pornographie, que j'ai fini par enclencher durablement un cercle ascendant qui m'en a sorti. L'hygiène de vie, les efforts sont véritablement le point clé sur lequel axer son corps et son esprit. En effet, « L'adolescent ne tombe pas par hasard de la télévision en pornographie [sic]. Comme on tombe de Charybde en Sylla. Toute une éducation libérale l'y a préparé. Pour commencer, la notion même d'effort a disparu de sa ligne d'horizon. Ne jamais trop lui en demander. Accéder à ses moindres demandes. Le "comprendre". L'enfant qui cherche son plaisir se fait tyran, et le tyran cherche sans cesse son plaisir. »[86] Cette partie va vous aider à ne pas lutter frontalement contre vos pulsions, mais à les accompagner et à vous tourner vers les côtés positifs que la vie peut offrir. Si certains efforts vous paraîtront insurmontables à court terme, d'autres vous sembleront dérisoires. Il suffit toujours d'une petite, toute petite chose pour rallumer la machine et être repris dans la spirale. Il n'y a donc pas de petit effort, il n'y a que des efforts plus ou moins faciles à mettre en place (et à tenir).

Arrêter la masturbation

Mai 68 : le droit à jouir est établi. Depuis, il a dégénéré et est devenu l'obligation de jouir. Celui qui refuse la masturbation est vu comme un puritain d'un autre temps, un réac', un rétrograde. On est passé d'un extrême à l'autre. Ces procès d'intention sont affligeants. L'auto-érotisme est un passage courant dans la sexualité, principalement chez les garçons. Si je connais des filles qui ne l'ont jamais pratiqué, je ne connais aucun garçon dont ce puisse être le cas. Ce passage – que les médias, les médecins s'octroient le droit de définir comme obligatoire au risque de passer

---

[86] JEAN-PAUL BRIGHELLI, *La Société pornographique*, p. 101 *op. cit.* note n °13 p. 21.

pour un Quasimodo si l'on ne le franchit pas – est une « satisfaction immédiate et infantile » pour citer encore Brighelli. L'infantilisation en est le but. On dit que c'est un moyen pour l'adolescent de découvrir une partie de son corps. Mais une fois qu'il en a fait le tour, l'adulte connaît ses parties.

Je ne jette pas la pierre à la masturbation en général. Elle peut être un passage vers une sexualité adulte, un pis aller dans un couple pour des raisons X (ou Y). Seulement voilà, au temps de la fibre optique, du haut débit, de la 4G, c'est un terrain glissant pour une personne accro au X (et ajoutons aussi au XX ou au XY[87]). Je m'explique : elle est la finalité du porno, elle en est aussi la cause à l'adolescence. Ceux qui visionnent des images pornographiques sans s'astiquer passent rapidement à l'acte. La dépendance au porno est une conséquence de la dépendance physique à la masturbation et au shoot sexuel. Porno plus masturbation implique sexualité adolescente. Or, le début du XXIe siècle a vu naître la notion d'« adulescence ». Ce terme décrit un caractère d'ado dans un corps d'adulte. Le marketing surfe beaucoup là-dessus. Les Tanguy[88] quittent la maison de plus en plus tard, ils sont atteints de « phobies administratives »[89], accros à Candy Crush, à Facebook, à WOW[90]. La masturbation régulière et excessive à l'âge adulte est une manifestation

---

[87] Je parle bien sûr de l'addiction sexuelle.

[88] Tanguy (dans le film du même nom sorti en 2001 et réalisé par Étienne Chatiliez) a 28 ans et habite toujours chez ses parents car il s'y trouve bien.

[89] Maladie imaginaire inventée par un député français qui ne payait rien de ce qu'il devait. Quitter le domicile familial implique aussi recevoir et payer des factures.

[90] World Of Warcraft est un jeu de rôle en ligne multi-joueurs. Un de mes proches m'a raconté pouvoir passer vingt-quatre heures dessus sans dormir.

parmi tant d'autres de cette régression du libéralisme.

Pour en finir avec la porno-dépendance, je recommande donc de renoncer purement et simplement à cette agréable pratique[91]. Cela paraît insurmontable, surtout à ceux qui n'ont pas une vie sexuelle active ; et effectivement, c'est éminemment difficile, même pour ceux qui en ont une. Cependant, vous constaterez qu'au bout de quelques mois, quelques années, vous n'en ressentirez plus le besoin. En revanche, ne vous crispez pas en diabolisant la masturbation ! Durant votre sevrage, vous serez inévitablement amené à vous masturber. Si vous en faites tout un fromage, cela se retournera systématiquement contre vous. Ouvrons en ce sens une parenthèse morale qui pourra être utile à certains[92]. Intégrez bien le fait que l'auto-érotisme n'est rien, ce n'est pas grave, ce n'est pas sale. Le mensonge, la tromperie, la méchanceté sont autant de maux bien plus graves que de se procurer un orgasme manu militari. Je crois surtout que perdre le contrôle dans ce domaine é-branle l'ego. C'est par narcissisme et manque d'humilité que l'on désespère de se masturber. En conséquence, il est plus que bénéfique de relativiser vos éjaculations forcées.

Bref, si vous décidez d'arrêter cette pratique, dites-vous bien que c'est d'abord dans le but d'en finir avec le porno et donc d'être plus heureux. En effet, j'ai remarqué qu'en tant qu'accro, une masturbation en appelle une autre, puis encore une autre, etc. Ces dernières appellent

---

[91] Vous pouvez toujours essayer de continuer la masturbation et d'arrêter le porno, vous m'en direz des nouvelles ! Ce qui importe, c'est votre liberté. Je suis conseilleur et ne suis pas payeur.

[92] Je pense en particulier à ceux dont les motivations sont religieuses et qui veulent éviter le « péché ».

un support visuel pornographique et les shoots réguliers de dopamines ramènent à l'addiction. Ce n'est pas vrai pour tout le monde. J'ai échangé avec des internautes qui se masturbent sans pour autant être attirés par le porno. Ainsi, ce que j'énonce est valable essentiellement pour les addicts aux films « pour adultes ».

En tout état de cause, ce qu'il faut vraiment éviter pour se libérer, c'est de se donner du plaisir sexuel avec des images en tête. C'est d'abord cela qui mène au X. Ensuite, éviter de se masturber à l'improviste, au hasard de ses érections. Pour cela, il est utile de savoir gérer celles-ci, car « votre excitation n'est pas une donnée sur laquelle vous seriez impuissant. Vous avez le pouvoir de la réguler. »[93] Je me demandais sans arrêt que faire de mon érection si ce n'est de la soulager manuellement. Car on a toujours sur soi de quoi assouvir sa pulsion. Les hommes se réveillent toujours avec les draps en toile de tente. L'érection matinale, c'est normal. Tout le monde est persuadé que la vessie remplie appuie sur les artères du bas ventre, ce qui provoque une érection. Il semblerait que cette explication soit erronée : l'érection matinale n'a pas encore levé tous ses mystères. Le porno-dépendant, en se levant le matin (ou en pleine nuit) a donc tendance à attraper son téléphone d'une main et à agiter son sexe de l'autre avant de partir au travail ou en cours, de démarrer sa journée. Or le corps est ainsi fait que par un jeu de clapets antiretours, il est impossible d'éjaculer et d'uriner en même temps. Ainsi, pour faire retomber l'érection qui prépare l'éjaculation, le mieux est d'aller aux toilettes pour réduire la pression : rejeter l'urine accumulée toute la nuit

93 DR CATHERINE SOLANO et PR PASCAL DE SUTTER, *La Mécanique sexuelle des Hommes*, Pocket, octobre 2012, p. 149.

vous fera dégonfler. Le matin, n'hésitez pas à vous lever, préparez le petit-déjeuner, lisez un livre, un magazine, détendez-vous. Bien sûr, n'allumez pas vos écrans…

Pas de panique : avoir une érection ne veut pas dire avoir une pulsion sexuelle. Pourtant, elle peut être excitante en soi. Comme un lecteur me l'écrivait : « J'ai lu sur votre site un passage où vous dites "mais oui, messieurs, il est beau votre sexe". Cela m'interpelle, car je pensais que l'attrait pour mon propre sexe était lié au fait que je suis 100 % gay et donc je me disais "ben oui, j'aime les corps d'hommes, le mien n'échappe pas à la règle et son image m'excite, étant plutôt bien foutu" ». Je m'explique cette excitation toujours par la fameuse dopamine qui anticipe la « récompense » qu'est l'orgasme en voyant le sexe droit comme un i[94]. Pour prévenir cela, ne vous concentrez pas sur vos parties, ne vous regardez pas le nombril et évitez les miroirs en pied des salles de bains.

Pour vous aider à gérer vos pulsions, voici un exercice destiné à diminuer la pression au niveau du sexe. « Debout, fermez les yeux et concentrez-vous sur vos pieds :

* recroquevillez et serrez les orteils comme s'ils étaient les serres d'un aigle,
* contractez également les fesses et les muscles du périnée (situé entre l'anus et le sexe),
* ensuite serrez les poings comme si vous étiez en colère,
* contractez les muscles des épaules et serrez les dents en inspirant très puissamment et longuement,

[94] C'est valable aussi dans des cadres plus sentimentaux. Il n'est pas rare d'avoir une érection quand on échange des mots d'amour alors que l'idée n'est pas d'avoir immanquablement un rapport sexuel tout de suite, à ce moment précis.

- quand vous êtes à bout de souffle, relâchez tout. »[95]

Renouvelez autant de fois que nécessaire.

Cette technique est aussi très efficace pour prolonger les rapports sexuels[96]. Les effets sont les mêmes : réduire l'excitation.

Faites ensuite travailler votre diaphragme. Détendez-vous : inspirez profondément par le nez et expirez par la bouche. Lors de l'expiration, visualisez toutes vos tensions sexuelles qui sortent dans le souffle d'air. Remplacez-les mentalement par des images de nature (cascade, ruisseau, lac de montagne).

Il ne faut pas rêver, les érections « sauvages » ne cesseront pas d'un coup : vous en aurez souvent (dans la rue, sur le canapé…) Mais vous verrez, vous y accorderez de moins en moins d'importance. Ne luttez pas contre. Au contraire, focalisez votre attention sur des choses qui vous excitent positivement, qui vous passionnent sainement.

Contrôler et améliorer son alimentation

Il est tout à fait troublant de constater à quel point les addictions sexuelles et alimentaires sont semblables. Le vocabulaire est d'ailleurs assez similaire : les actrices pornos sont « gourmandes », « pulpeuses », elles « avalent », on a envie de les « bouffer », etc. Auteur de *Psychanalyse des*

---

[95] ORROZ, *Les Dangers du Sexe sur Internet*, p. 26 *op. cit.* note n° 25 p. 28.

[96] Pour ceux que ce sujet intéresse, vous pourrez trouver un grand nombre d'exercices pratiques dans Dr CATHERINE SOLANO et Pr PASCAL DE SUTTER, *La Mécanique sexuelle des Hommes*, Pocket, octobre 2012, *op. cit.* note n° 93 p. 91. L'exercice que je cite se rapproche beaucoup de celui p. 243 de cet ouvrage.

sens et *Psychanalyse de la gourmandise*, Gisèle Harus-Révidi confirme qu'appétit alimentaire et appétit sexuel sont liés : « À un stade très archaïque de notre développement, manger et éprouver un plaisir de type sexuel ne sont pas dissociés. [...] L'oralité est donc une étape déterminante du développement sexuel. Et il nous en reste à tous des traces : lorsque nous aimons quelqu'un, nous aimons manger, boire et parler avec lui. Par ailleurs, dans les pathologies de la nourriture, on observe des difficultés sexuelles : l'anorexique a peur du sexe, la boulimique cherche à combler sa sensation de vide et d'insatisfaction sexuelle en mangeant. »[97]

L'idée en contrôlant son alimentation est d'apprendre à se maîtriser dans les plaisirs du quotidien. Si cela peut vous aider, suivez un régime type Weight Watchers ou celui de Jean-Michel Cohen[98]. Dans le cas qui nous intéresse (retrouver une hygiène de vie), perdre du poids est secondaire. C'est agréable, certes, mais c'est secondaire. Ce qui compte c'est de se décentrer de soi, de chercher de la performance en voyant les kilos fondre, l'énergie revenir, et s'exercer au contrôle de soi en surmontant une légère frustration. On retrouve également à la clé une certaine fierté de soi.

J'avais commencé Weight Watchers pour accompagner ma femme qui venait d'accoucher[99]. Me concentrer

---

[97] Psychologies.com/Couple/Sexualite/Desir/Articles-et-Dossiers/Sexe-et-nourriture-Je-t-aime-comme-je-te-mange

[98] Je cite ici deux régimes qui sont équilibrés dans le sens ou ils permettent de manger de tout et de ne pas être trop frustré ! Les régimes qui interdisent tout un tas d'aliments sont à fuir.

[99] Ce régime fonctionne avec un système de points attribués à la nourriture que l'on mange chaque jour. Le but étant de ne pas dépasser un certain nombre de points quotidiens, d'en gagner en faisant du sport, etc.

sur les points, me décentrer de moi et me donner à fond m'a totalement fait oublier mes difficultés avec la pornographie pendant toute cette période. Je n'étais même plus intéressé par des corps de femmes nues à l'écran. Il faut aussi ajouter que j'avais réglé un contrôle parental sur notre ordinateur, de ce fait je n'en voyais pas beaucoup... Je voulais juste perdre un peu de poids. En réalité, j'ai réappris à manger de bonnes choses sans non plus me priver. Cette période m'a fait vivre une vie plus saine via une meilleure alimentation. J'ai perdu onze kilos, j'étais fier de moi ! Pendant l'année qui a suivi, quand je voyais une femme nue à l'écran, je n'avais plus dans les reins la pulsion que j'avais avant. Un site pornographique me laissait plutôt dégoûté qu'attiré. Bref, j'étais de moins en moins accro aux images sexuelles.

Si vous avez l'habitude de grignoter la tête dans le placard, de manger pizzas et chocolats devant l'ordinateur, ou de sauter des repas pour surfer, n'hésitez pas à intégrer un effort sur ce point dans votre panel de moyens pratiques. Évitez une nourriture trop copieuse ou déséquilibrée qui vous anesthésie. Ça peut paraître incroyable, pourtant, cela vous aidera de manière sûre. On pourrait penser que tout se passe dans le ventre, mais en pratique, tout est dans le mental ! Bien manger, se faire plaisir de manière raisonnée, ce sont autant de plaisirs que vous donnerez à votre corps pour lui apporter du bien-être et finalement... de la dopamine, du plaisir. C'est capital de prendre du plaisir. Si vous supprimez toute forme de jouissance, vous ne tiendrez pas bien longtemps. Une petite bière, un chocolat, un fruit, un repas au restaurant... En plus de cela, vous apprendrez ainsi à contrôler vos appétits, votre corps, à vous maîtriser. J'allais régulièrement sur le marché au moment de ce régime. C'était du temps que je ne passais pas devant l'ordinateur entre autres, du temps pour moi, à découvrir de nouveaux produits, à apprendre des choses, à chasser le stress, à me détendre !

Si vous n'avez pas de tendances gloutonnes, c'est d'autres pistes qui vous aideront à vous maîtriser : organiser votre intérieur, prendre en main votre budget… Cherchez. Et trouvez.

Lutter contre les addictions parallèles

Nous l'avons vu, l'addiction est une perte de contrôle dans l'usage d'une source de gratification. Or, il se trouve que « le système de contrôle des gratifications est universel. C'est le même mécanisme qui nous fait contrôler notre usage de la nourriture, du tabac, de l'alcool, du travail… Quand quelqu'un perd le contrôle de l'usage d'une source de gratification, il y a toutes les raisons de penser que cette perte de contrôle va s'étendre à ses autres sources de gratification »[100]. Dès lors, la règle dans le domaine est la polyaddiction.

De ce fait, c'est une mauvaise idée que de chercher à remplacer une addiction par une autre, car la monoaddiction n'est pas courante. Il existe de nombreuses addictions sur lesquelles peut se greffer la pornodépendance : l'alcool, les jeux en ligne, et bien d'autres. La première est, je crois, la cyber-dépendance. C'est à cause d'elle que le produit est sans arrêt à portée de main. Alors qu'avant il fallait se rendre dans un sex-shop pour trouver de la « lecture » ou des vidéos, il suffit désormais de pianoter sur son téléphone et en moins de dix secondes,

---

[100] Pr Marc Auriacombe (chercheur et chef du pôle Addiction du centre hospitalier Ch. Perrens de Bordeaux) lors de la conférence donnée à Cap Sciences (Bordeaux) le 20/01/2015 : *Pornographie : de l'habitude à l'addiction.*

vous avez du porno sous les yeux. Il est préférable dans ces conditions de prendre un peu de recul avec les outils numériques. Il est clair et à peine caché que les outils 2.0 que sont les réseaux sociaux comme Facebook et les applications type Candy « Cruche » sont conçus spécialement pour rendre accro[101]. D'abord, ils déclenchent l'envie à un moment où vous pouvez vous servir de l'application en question (une notification quand vous vous sentez seul par exemple). Ensuite, ils apportent une récompense, une source de gratification (ne plus se sentir seul, passer un niveau supplémentaire, être apprécié, etc.) Et enfin, ils vous incitent à vous investir personnellement (poster un contenu, twitter, aider une connaissance à gagner des vies…) Tous ces outils sont hautement addictifs. C'est normal, ils sont conçus pour cela ! Une récente étude britannique a montré qu'« un couple sur deux avoue que sa vie sexuelle est perturbée par les nouvelles technologies. Ils seraient 12 % à répondre au téléphone pendant les ébats, 10 % à lire un SMS et 5 % à… consulter leur page Facebook ! »[102] Cette manière de fuir vers le virtuel est une maladie du temps présent. Cette notion de présent s'échappe dans l'écran, on n'est plus à ce qu'on fait, à ceux avec qui l'on est. C'est un cercle vicieux. Plus on s'éloigne avec les TIC[103], plus le dialogue se réduit, plus on se réfugie derrière ses écrans.

Cela est valable dans le couple, mais aussi dans le cadre de relations sociales moins exclusives. J'éprouve de la gêne dans le bus lorsque je jette un regard circulaire au-

---

[101] Ou pour le moins très attaché (trop ?)

[102] NICOLAS BASSE, *Le smartphone au lit a tué ma vie sexuelle*, Le Figaro le 27/12/2014.

[103] Technologies de l'Information et de la Communication (sic).

tour de moi. Tous ont les yeux rivés sur leur téléphone – ce prolongement de soi – les écouteurs vissés sur les oreilles. Pourtant, moi aussi, il m'arrive quand je m'ennuie (ou que je crois m'ennuyer) d'allumer mon téléphone et de passer d'un écran à l'autre sans savoir quelle application ouvrir, de faire comme tout le monde. Sauf quand la honte d'être un mouton de Panurge est trop forte. Le papier et la rêverie sont devenus des luxes. Le restaurant, les bars sont aussi un bon exemple. Combien de fois dans un groupe, l'un ou l'autre sort pour téléphoner ou dégaine son portable pour envoyer un mail ou un texto ! Le dialogue et le moment présent sont devenus des luxes. « Les circonstances et la culture qui sont les nôtres empêchent toute véritable connexion, bien qu'Internet nous en donne l'illusion. L'augmentation des comportements addictifs est le symptôme d'un mal-être profondément enraciné, qui nous pousse à privilégier le nouveau gadget dont nous avons envie plutôt que les personnes qui nous entourent. »[104]

Pour lutter contre cette tyrannie des notifications qui nous envahissent, je vous suggère de réduire le nombre d'applications que vous possédez sur votre téléphone. Fouillez un peu, il existe des logiciels pour verrouiller le téléphone à des moments donnés. Vous pourrez par exemple le bloquer entre neuf heures et midi puis entre une heure et six heures de l'après-midi. Ces solutions permettent aussi de dresser une liste blanche des applications que vous vous autorisez à utiliser durant ces périodes.

Je suis toujours stupéfait de la manière dont le plus grand nombre gère ses messages. Les technologies de la

---

[104] JOHANN HARI cité *in* note n° 35 p. 39.

communication sont plutôt les technologies de la notification pour la plupart. Certaines personnes reçoivent beaucoup de mails et puis n'y répondent pas. Lorsque vous recevez un message, laissez-le en « non lu » afin de penser à y répondre plus tard ! S'il est « lu », il va se perdre dans les profondeurs de votre boîte de réception et vous n'y penserez plus. Or, la politesse veut que vous répondiez lorsque vous êtes invité ou sollicité. Cette exigence aide à remettre la technologie à sa juste place : un outil.

J'ai remarqué que je lis beaucoup d'articles, de blogs à l'écran. Pour retrouver le plaisir de lire, le vrai, j'ai donc décidé de m'abonner à quelques revues papier[105]. Ce n'est pas si ruineux et vous vous octroierez ainsi des moments de détente, au calme, confortablement installé sur votre canapé. Bien sûr, cela n'empêche pas de continuer à utiliser un ordinateur, mais on s'en éloigne un peu plus, ce qui n'est pas plus mal ! Prenez aussi l'habitude de ne pas vous endormir trop souvent avec un écran devant vous. Pourquoi ne pas lire une bonne BD au lieu de regarder une dernière (oui, juste une dernière) vidéo sur YouTube ? Pour cela, éteindre ses écrans est une excellente idée. Surtout quand on est seul. J'ai toujours l'habitude de garder éteints mon téléphone et mon ordinateur lorsque je suis seul à la maison la nuit. Je fais ce que j'ai à faire dessus puis hop ! J'éteins tout. Avant, j'utilisais beaucoup Evernote, cette application qui permet de stocker ses idées, ses réflexions et éventuellement de les partager. Depuis, je suis passé au Moleskine[106], j'utilise moins de logiciels pour

---

[105] Jetez un œil en maison de la presse (pas les rayons du haut j'entends), il existe de tout comme magazine. J'en ai même trouvé un dédié à la viande de bœuf !

[106] Célèbre marque de carnets à la couverture retenue par un élastique.

un oui ou pour un non : j'écris sur du papier !

Réfléchissez à combien de temps vous passez devant vos écrans et tentez une expérience : un soir par semaine, éteignez-les tous. Vous en tirerez de nombreux bénéfices. Vous parlerez plus avec votre conjoint, vous serez plus disponible à vos amis si vous sortez, vous vous coucherez plus tôt et serez donc moins fatigué, vous pourrez lire, écouter de la musique, etc. Vous vous sentirez plus libre en somme et votre vie s'en trouvera mieux.

Faire du sport pour se sentir bien

Pour en finir avec le porno, il ne faut pas se concentrer sur le porno lui-même. Il est plus rentable de canaliser ses efforts sur son équilibre de vie et de profiter de celle-ci. Quand j'étais accro, je me faisais parfois violence pour pratiquer un sport et évacuer mes pulsions. J'allais courir, faire du vélo. Au retour, je me félicitais et, tellement épuisé de mon effort, je lâchais prise et me masturbais sous la douche (ce qui, je le répète, me ramenait toujours à la pornographie à court terme). Faire une activité sportive dans le seul but d'arrêter le porno ne fonctionne pas. C'est voué à l'échec.

Ne vous adonnez donc pas à un sport pour vous faire mal ou simplement pour évacuer vos pulsions. Se malmener pour en finir avec son addiction est inefficace. Je ne crois pas à l'éducation par la punition physique. Il m'arrive de m'énerver sur mes enfants, mais les fessées, les tapes, sont contre-productives. Il en va de même pour se changer soi-même. Chercher à arrêter une addiction c'est chercher à être libre, c'est arrêter de se mépriser soi-même. C'est retrouver une fierté et un respect de soi ! Se faire mal et s'humilier est incohérent avec le but final recherché : la liberté et l'estime de soi. Faites du sport pour la satisfaction qu'il procure, pour le plaisir.

« Au lieu de rester devant mon écran, j'ai opté pour le footing et téléchargé l'application RunKeeper sur mon iPhone. Ça m'a permis d'avoir une vision quantitative de mes performances. J'étais aussi plus motivé sur la durée. »[107] En effet, le sport permet d'évacuer son trop-plein d'énergie, nous l'avons vu, mais aussi et avant tout d'avoir une bonne image de soi et de tourner ses pensées vers des objectifs à atteindre. Pratiquer un sport régulièrement, à son rythme, avec des objectifs précis de performance est très différent de foncer tête baissée juste pour transpirer.

En outre, cela peut jouer le rôle d'une activité sociale qui vous sort de chez vous et permet de rencontrer du monde. Le sport favorise les échanges, la convivialité, le partage.

C'est aussi excellent pour le moral. « Non seulement, l'exercice physique régulier permet de guérir d'un épisode de dépression, mais il permet probablement aussi de les éviter. »[108] En effet, lorsque vous vous dépensez pendant un certain temps, votre organisme sécrète tout un tas d'hormones comme l'endorphine dont nous avons déjà parlé. Cette hormone du plaisir et du bien-être est générée au bout d'environ trente minutes d'efforts physiques soutenus. C'est pourquoi, les activités d'endurance et de cardio sont les plus endorphinogènes. Cette production pourra vous aider à accepter des baisses de fréquence de vos pics hormonaux liés aux orgasmes de la masturbation.

Mener à bien ses projets demande de la créativité et de

---

[107] Brice, 25 ans. À vous de voir si vous avez besoin d'une application pour cela.

[108] DAVID SERVAN-SCHREIBER, *Guérir*, p. 176, *op. cit.* note n°49 p. 48.

l'énergie. Le goût de l'effort vous aidera progressivement à ne plus être esclave de votre sexualité. Au contraire, vous en deviendrez maître. Ce goût de l'effort se retrouve dans le sport et dans le processus d'apprentissage de disciplines inconnues.

Être créatif et apprendre

« On jouit de l'invention, et non pas de l'exécution ou de la répétition. »[109] Je suis certain que plaisir orgasmique, création et apprentissage sont intimement liés. La créativité est une source inépuisable de satisfaction personnelle. Quel plaisir de pouvoir dire : « C'est moi qui l'ai fait ! » Chacun a un côté créatif enfoui en lui, les possibilités sont infinies. L'art ou le bricolage peuvent nous permettre de sublimer nos fantasmes. La sublimation consiste à les exprimer sans les refouler, sans les braquer, sans se braquer. L'œuvre peut être un exutoire à nos tensions intérieures qu'il convient de ne pas négliger.

Mon site internet est souvent vu par les tiers comme une thérapie. Il est vrai que j'ai beaucoup appris sur la pornographie et la dépendance en y travaillant et que cela ne m'encourage pas à retourner vers le porno. Cependant, je sais que la thérapie réside essentiellement dans le côté créatif : produire du beau, du bon, de l'efficace. Pour sortir de la spirale infernale du dégoût et de la honte de soi, rien de tel que l'exact opposé : le *self estim*, la fierté de l'œuvre accomplie.

Comme le sport, les activités manuelles ou artistiques sont aussi l'occasion de créer du lien avec vos amis, avec vos enfants. Vous vous retrouverez ancré dans le réel et le

---

[109] MARCELA IACUB, *Éducation textuelle*, Libération, le 01/10/2011.

concret. J'ai de merveilleux souvenirs avec mon père, et en particulier, des après-midis de bricolage. Offrez du temps en confectionnant des cadeaux faits maison. Peu importe que vous ne soyez pas bricoleur, vous pourrez vous inspirer des tutos en ligne.

N'hésitez pas à sortir des sentiers battus et des clichés : personnellement, j'adore coudre, ce qui étonne souvent autour de moi. Ne faites pas comme tout le monde. Je déteste faire comme tout le monde ! Soyez imaginatif et inventif en matière de créativité. Vous couperez ainsi le cercle vicieux de l'addiction. La pornographie est stérile (sans mauvais jeu de mots), elle occupe l'espace que vous lui laissez. En vous trouvant des projets artistiques, de voyage, de bricolage, de cuisine, vous comblerez ce vide. Elle ne pourra que s'effacer. Steeve explique : « J'ai besoin d'être créatif, toujours la même chose, pas de piment dans la vie, le vieux pépère qui fait toujours la même chose, la rengaine. On se lasse et ça casse. »

Faites un brainstorming sur ce que vous aimez, ce que vous voudriez faire. Et passez à l'action. Vous aimez le théâtre ? Organisez votre quotidien pour pouvoir en faire une fois par semaine. Vous aimez dessiner ? Achetez des revues pour apprendre l'aquarelle ou inscrivez-vous au cours de dessins de l'association de votre quartier (et si elle n'existe pas, créez-la).

Une équipe de chercheurs allemands et espagnols ont montré qu'apprendre une langue étrangère stimule la même région du cerveau que les drogues, l'addiction aux jeux de hasard et les relations sexuelles[110] : le striatum ven-

---

[110] *The Role of Reward in Word Learning and its Implications for Language Acquisition*
Sciencedirect.com/science/article/pii/S096098221401207X.

tral. Il me semble que cette étude pourrait être élargie aux apprentissages en tout genre. Selon les individus, les jeux de hasard sont – ou ne sont pas – une source de gratification. Il en est de même pour l'acquisition du savoir. J'éprouvais un plaisir particulier à apprendre de nouvelles choses. Je me suis mis à un instrument de musique, je suis même allé jusqu'à apprendre des poèmes par cœur pour le plaisir. Les possibilités sont infinies pour s'occuper, se cultiver et jouir de la vie.

Changer son rapport aux autres

Vous allez certainement devoir changer votre rapport aux autres pour vous revaloriser et reprendre confiance en vous. Pour cela, il est très important de ne pas vous fier aux apparences. Non pas que les apparences soient parfois trompeuses : elles le sont souvent. Dites-vous qu'au fond, ceux qui ont l'air sûrs d'eux ont aussi des doutes, des soucis. Ils recherchent aussi le regard des autres. Vous ne pouvez pas savoir ce qui se cache derrière la façade que l'on veut bien vous montrer. Au fond d'eux-mêmes, les autres ne sont ni meilleurs ni pires que vous. Il faut trouver la juste estime de soi.

Mon père me racontait l'histoire d'un de ses copains qui, à l'école primaire, affirmait à toute la classe que dans son grenier vivait un superbe perroquet de toutes les couleurs avec qui il avait de grandes conversations. Il en parlait tout le temps, avec force détails, à qui voulait l'entendre. Bien sûr, il n'a jamais fait entrer qui que ce soit dans son grenier. Ne faites donc pas grand cas de ce que vous entendez de vos connaissances. Bien des personnes ont leurs « perroquets » et enjolivent la réalité. Elles trichent en l'étirant, la peignant, la transformant. Évitez de vivre vos amitiés via les réseaux sociaux où chacun ne se montre que sous son meilleur jour : ce n'est pas la vraie vie. Sans un recul suffisant, on a tendance à se dire « Ma vie est nulle, eux font des trucs trop cools avec des gens trop cools », alors que peut-être que vos contacts bluffent et sont moins heureux qu'ils n'en ont l'air. Dites-vous que vous êtes quelqu'un de bien, estimez-vous à votre juste valeur. Si besoin, appuyez-vous sur la (les) personne(s) avec qui vous êtes franc[111].

N'écoutez pas ceux qui vous freinent, ne parlez pas trop à ceux qui vous enfoncent et vous disent que ça ne sert à rien, que tout le monde regarde du porno et que l'on ne peut pas gérer ses pulsions. De toute évidence, ils disent cela soit parce qu'ils n'ont jamais essayé de réduire leur consommation de porno (ceux qui ne bougent pas ne sentent pas leurs chaînes), soit parce qu'ils ont essayé, sans succès. Beaucoup sont consciemment ou inconsciemment jaloux. Prenez garde à ne pas vous laisser tirer vers le bas par ceux qui vous envient.

Soyez ouvert à votre entourage, prenez le temps de vous intéresser à chacun, de rendre service, de dialoguer. Ne soyez pas trop prompt à la critique.

Changer son rapport aux autres est un vaste chantier. Au final, vous en sortirez grandi et apprécié comme il se doit. Toutefois, rappelez-vous qu'on ne peut pas plaire à tout le monde.

Être présent au réel !

Le monde court dans le vide. Et le dépendant court après. Arnaud, 40 ans témoigne : « La dépendance pour moi va jusqu'à ne plus vivre que pour elle, et organiser

---

[111] Voir à ce sujet les Exercices pratiques p. 70.

toute ma vie autour. Le matin ? S'arranger pour avoir trente minutes tranquilles… En voiture ? Regarder où sont les aires d'autoroute pour se lâcher en cas de besoin. Les Relay en gare ? Cibler directement les revues coquines. La revue Gala chez la belle-mère ? Chic, Eva Longoria en soutien-gorge page 10, direction les toilettes ! Un regard à la fenêtre : "Elle est bonne la voisine", etc. »

Retrouver la jouissance des choses simples est important. C'est même une condition *sine qua non* pour s'en sortir. Pour cela, entamez une démarche progressive. La clé, c'est la perception. Pour arriver à la perception profonde et à la joie de ressentir des choses simples, commencez par essayer la perception sensorielle. Vous allez ainsi conscientiser des éléments de votre environnement et par la suite apprendre à parler à votre subconscient. Pour comprendre ce qu'est la perception, rappelez-vous la différence entre entendre et écouter. C'est exactement la même chose pour les autres sens que l'ouïe ! Vous passez près d'un arbre ? Prenez quelques instants pour le caresser et ressentir pleinement, de manière charnelle, son écorce sous vos doigts[112]. Un morceau qui vous plaît passe à la radio ? Fermez les yeux et balancez votre corps au rythme de la mélodie, prenez le temps de l'écouter vraiment. Il fait beau ? Allongez-vous par terre et respirez l'odeur de l'herbe. Un oiseau chante sur le quai de la gare ? Prenez le temps d'y être attentif. Bref, le temps de la perception, mettez de côté toute forme de productivité, lâchez vos téléphones, vos tablettes : *stop documenting, start experiencing*[113]. On ne peut à la

[112] Ça vous paraît stupide ? Pourtant, la perception sensorielle est une méthode éprouvée pour sortir de l'addiction.

[113] Qu'on pourrait traduire par « Arrêtez d'accumuler des informations et des souvenirs, vivez. » Du titre de l'article de DANIEL GULATI, *Stop Documenting,*

fois capturer un moment et le vivre pleinement.

Cela aura pour premier effet de vous détendre et de vous procurer du bien-être. C'est la même forme de perception que vivent ceux qui ont un peu trop bu d'alcool ou qui ont fumé du cannabis. Un sentiment de plénitude, de communion, une perception de son environnement vécue plus fortement. Or, nul besoin de ces artifices pour vivre de telles expériences. Tout à l'heure, après avoir garé ma voiture, j'inclinais mon siège, je fermais les yeux et je percevais la musique. Bref, je planais, je prenais du plaisir avec peu de chose. Bien que ce genre de phénomène vous donne l'impression de vous évader, vous constaterez une plus grande faculté à être présent au réel.

Ensuite, n'oubliez pas de respirer. C'est tout bête, mais ça sauve des vies (essayez d'arrêter pour voir !) Respirer est une chose, bien respirer, en est une autre. Les personnes anxieuses ou en colère ont tendance à avoir une respiration saccadée, rapide. Il a été démontré que cette respiration a tendance à mettre le corps en tension, c'est un cercle vicieux. Jouer sur sa manière de respirer, aide à canaliser ses émotions, ses pulsions sexuelles même, en fermant les yeux, tranquillement, sereinement. Une respiration ample et complète (outre le fait de vous aider à bâiller !) va vous permettre de prendre conscience de votre corps. Lorsque vous pratiquez cet exercice, conscientisez votre mouvement respiratoire. Il n'est pas forcément nécessaire de s'allonger ou d'être dans un endroit particulier. Juste là, maintenant, inspirez à fond par le nez, expirez à fond par la bouche, doucement. Encore une fois. Fermez les yeux. Vous sentez comme ça fait du bien ? Qu'importe votre imagination, la respiration lente et profonde vous replace dans votre contexte immédiat. Ne pensez à rien d'autre qu'à l'air qui entre et sort de vos poumons. Encore une fois, percevez.

Si une image sexuelle pointe le bout de son nez, elle devient obsédante. La vue des femmes que vous croiserez dans la rue ou sur Internet va attiser votre pulsion jusqu'à ce que vous vous soyez fait éjaculer. En apprenant à gérer votre émotion en amont, vous éviterez d'en arriver jusque là.

Ces quelques conseils de base pourront être creusés avec un support comme la méthode Vittoz. Cette méthode vous ancre dans le réel de votre corps en insistant sur toutes ses réceptions sensorielles. Elle ne traite pas le fond des troubles psychologiques, mais aide à canaliser les émotions en centrant l'individu sur ses cinq sens : l'ouïe, la vue, l'odorat, le goût et le toucher. Les buts sont multiples : avoir une bonne conscience du présent, évacuer le stress inutile sans refouler ses émotions et retrouver ou conforter l'estime de soi. Cette méthode de gestion des émotions est conçue pour renforcer le contrôle cérébral et a fait ses preuves. Pour cela, elle propose de travailler la réceptivité sensorielle, la concentration et la volonté. La réceptivité sensorielle est une gymnastique psychologique à travailler chaque jour. Elle est semblable aux exercices de perception que je vous ai proposés plus haut. La concentration se travaille aussi avec les sensations dans la méthode Vittoz. La volonté dite « sincère » est le clou du spectacle pour ainsi dire. Elle vient après une démarche d'identification de l'acte à accomplir et de questionnement sur le désir que l'on en a. Pour cela, il faut raisonner en positif « je veux faire ceci » et non en négatif « je ne veux pas faire cela ».

Une autre bonne méthode pour être plus présent au

réel est de pratiquer la méditation. Laïque pour certains, religieuse pour d'autres, elle n'a pas les mêmes finalités, mais permet toujours une meilleure connaissance de soi. Si vous êtes tenté, vous devez trouver un bon moment, une bonne posture physique, fermer les yeux et entrer dans votre « moi intérieur ». Ensuite, accueillez votre flot de pensées, calmement, en vous concentrant sur votre respiration (encore elle). Alex est médecin, il a trouvé une aide en son for intérieur grâce à la méditation de pleine conscience (*mindfullness*). « C'est une discipline quoti-dienne, fastidieuse au début, mais à la portée de tous. Les résultats ne sont pas immédiats, en revanche quand ils sont là, c'est un vrai bonheur de vivre. Résultats des courses : l'esprit est apaisé, les automatismes désactivés, les toxines mentales éliminées, et surtout une réelle pré-sence dans l'instant, une nouvelle façon d'être au monde, un ressenti modifié envers les autres. Il ne s'agit pas que d'une simple relaxation, mais d'une modification perma-nente et quotidienne de l'appréhension du monde qui nous entoure. »

Exercices pratiques

1   *Combien d'applications me sont vraiment utiles ?*

2   *Combien est-ce que j'ai d'écrans chez moi ? Combien de TV, combien d'ordinateurs, combien de téléphones ?*

3   *Qu'est ce que j'aime faire dans la vie ? Quelle est la liste des loisirs non numériques qui me plaisent ? Comment pourrais-je m'investir plus particulièrement dans ceux-ci ?*

4   *Comment est-ce que je perçois mon corps ? Suis-je suffisam-ment à l'écoute de ce qu'il me dit de moi (douleur, fatigue, sommeil, stress…) ?*

5   *Quand une pulsion me vient, je la gère sans la refouler en*

l'accompagnant et en me recentrant sur le réel, en respirant et en percevant mon environnement.

Notes

6   LES FRUITS, LE BILAN

> « Il n'est point de bonheur sans liberté
> ni de liberté sans courage. »
> Périclès

Liberté, je crie ton nom

Un sevrage réussi est un processus long, constitué de progrès, de déclics et de rechutes. Il ne résoudra pas tous vos problèmes, ne réglera pas vos soucis financiers, ne réparera pas votre voiture, ne fera pas forcément revenir l'être aimé… C'est la vie dans sa globalité qui doit changer. Le sevrage sera un des fruits que vous récolterez de vos efforts.

Cependant ce changement de vie apporte du bonheur. Vraiment. Vous vivrez davantage dans le présent, plus conscient de là où vous êtes, maintenant. Vous aurez plus de temps et d'énergie pour tout ce que vous avez à entreprendre et que la vie vous propose. Vous serez capable de vous concentrer sur d'autres aspects de votre existence et donc, plus apte à régler vos soucis financiers, réparer votre voiture, reconquérir l'être aimé… Il vous sera plus facile de vous concentrer sans penser au porno, et par conséquent, plus facile d'apprendre de nouvelles compétences, d'élargir le domaine des possibles de votre quotidien.

Vous ne ressentirez plus le besoin de scruter le postérieur ou les seins de chaque fille qui passe dans la rue. Il est normal de trouver une femme charmante, jolie et attirante. On ne peut ni se crever les yeux ni mettre les femmes sous cloche. Tout est dans l'équilibre. Regarder à tout bout de champ et avec insistance les fesses et la poitrine réduit la femme à ces deux parties et déchaine l'imagination. Ralph m'écrit : « Pour moi qui suis respectueux des femmes, c'est dur de ne les considérer que comme de la chair à sexe. » Ce n'est pas chose facile que de réapprivoiser son regard. Au fur et à mesure que le temps passera et que vous vous détacherez de la consommation de porno et de la masturbation frénétique, ce sera plus facile. Vous vous sentirez donc au final plus libre de ce point de vue là également. Et ce n'est pas rien.

La liberté ne doit pas être comprise ici par opposition au déterminisme. La question n'est pas : « Suis-je libre ? » ou « Je ne suis pas satisfait de ma vie, en quoi fais-je vraiment ce que je veux comme métier ? », mais il s'agit de la perte de volonté qui a des incidences très concrètes dans la vie de tous les jours. Cette perte de volonté à court terme peut pourtant avoir des incidences sur votre façon d'appréhender l'existence et de… vivre.

Les erreurs à ne pas commettre

Voici quelques erreurs à éviter pour ne pas retomber dans ses vieux travers.

Perdre patience

Le dépendant doit accepter la durée indéterminée de sa désaccoutumance, tout faire pour tourner sa vie vers autre chose que le porno, mais bien intégrer que le sevrage complet n'est pas un but facile à atteindre. Cliniquement, en addictologie, un sevrage inférieur à cinq ans est un sevrage court. Entre cinq et dix ans, on parle d'un sevrage moyen et au-dessus de dix ans, d'un sevrage long[114]. Un sevrage est fait de déclics, de rechutes. Vous devez accepter de tâtonner, de chercher des stratégies de lutte, en changer, y revenir. Ce qui compte c'est l'amélioration générale. Au fil des mois, vous allez acquérir une vraie expérience. Utilisez-la ! C'est sur le terrain que l'on apprend le mieux et seuls ceux qui ne font rien ne se trompent jamais. « La chose la plus précieuse que vous pouvez faire est une erreur. Vous ne pouvez rien apprendre en étant parfait. »[115]

Se savoir en sevrage permet de replacer les rechutes dans leur contexte, les comprendre. Les accepter sans culpabiliser à l'excès vous aidera à ne pas vous dévaloriser et à reprendre votre chemin là où vous l'aviez temporairement quitté. Il y aura toujours un enseignement à tirer d'une rechute. Pour capitaliser cette expérience, certains utilisent un agenda, un carnet pour noter leur ressenti, leurs progrès. Cela aide à se souvenir, à revenir sur ce qui a été vécu, à progresser. C'est un outil de sevrage comme un autre.

Je me disais (et je me dis toujours) que, peut-être,

[114] Pr Marc Auriacombe (chercheur et chef du pôle Addiction du centre hospitalier Ch. Perrens de Bordeaux) lors de la conférence donnée à Cap Sciences (Bordeaux) le 20/01/2015 : *Pornographie : de l'habitude à l'addiction.*

[115] Adam Osborne, écrivain britannique, éditeur de livres et de logiciels.

j'aurais toujours une faiblesse, une « cicatrice » liée à mon attrait passé pour le sexe à l'écran. Si donc je rechutais, je me dirais simplement que c'est un écart et que je ne suis pas dépendant, je suis Florent, je suis patient.

Mettre la barre trop haut, ne penser qu'à ça

Quand une entreprise est trop gigantesque ou paraît insurmontable, il ne faut pas l'attaquer frontalement. Un doctorant qui rédige sa thèse et cale, bloqué, parce qu'il n'a pas d'inspiration mettra 10 ans à obtenir son doctorat. En revanche, s'il avance en se disant que son plan finira par émerger, il franchira les difficultés sans même s'en apercevoir. Ce principe s'applique bien au sevrage à la pornographie. L'assimilation progressive des principes de l'amélioration, les actions concrètes et les petites décisions aident à avancer vers l'objectif final : le zéro porno. Si vous vous fixez un objectif de cent jours dès le départ, non seulement vous échouerez, mais en plus, la rechute sera très douloureuse.

Non, se fixer un objectif trop haut n'est pas louable, c'est un excès d'orgueil. Faites vôtre cette citation de Roger Vittoz : « Les idées ne servent à rien pour le traitement : c'est d'agir, instant par instant, comme un marcheur qui, au lieu de s'effrayer de la hauteur de la montagne, est content chaque fois qu'il fait un bon pas, et arrive au sommet sans s'en apercevoir. » Soyez stratégique sur le long terme. N'oubliez pas la tactique sur le court terme. Vivez chaque jour l'un après l'autre, tranquillement en ne vous focalisant pas sur le sevrage, mais sur chaque petite chose agréable que vous expérimentez. Ce qui compte c'est la progression, pas la perfection ! Hervé se débat contre le porno depuis vingt ans : « J'ai parfois l'impression que plus je bouge pour me libérer, plus je m'enferre, comme un poisson qui a mordu a l'hameçon. En fin de compte, la solution est de trouver un axe qui permet de s'ouvrir sur les autres pour briser l'isolement. » Si vous pensez en termes négatifs « je ne veux pas aller sur ce site ! », ce sera beaucoup plus difficile de tenir que si vous raisonnez de manière positive « je vais chercher un bon bouquin à lire ». C'est là que le filtrage web et l'hygiène de vie se combinent pour jouer pleinement leurs rôles. Ils vous éviteront de vous crisper pour finalement céder.

Croire que c'est une fin en soi

Arrêter la pornographie et la masturbation n'est pas une fin en soi, un Graal à atteindre. Ce n'est qu'un moyen pour être plus heureux, en finir avec la souffrance de l'addiction et renouer avec des activités sociales et familiales sans arrière-pensées pornographiques. Tous vos problèmes n'en seront pas résolus pour autant. La vie continuera avec ses côtés agréables et désagréables. Dominique explique que pour lui, après un parcours de plusieurs années, « demain est aussi beau qu'aujourd'hui et aujourd'hui [est vécu] pleinement, avec ses revers comme ses joies ».

Croire qu'une vie sexuelle active résoudra vos problèmes

Je parlais un jour à un garçon de 24 ans qui vivait mal le fait de n'avoir jamais eu de rapports sexuels. Lui de me dire : « Mais toi, tu as une femme, tu n'as pas besoin de te branler ! Quand tu as une pulsion, il te suffit de faire appel à elle ! » « Bien, par où commencer ? », me suis-je dit à ce moment-là ! Ça n'est pas comme cela que ça se passe. Une vie sexuelle active avec un partenaire physique ne résoudra pas votre problème d'addiction à la pornographie. Se dire cela, c'est gravement se fourvoyer pour plusieurs raisons.

La dopamine liée à l'interdit que l'on se fixe engendre une grosse poussée d'adrénaline au moment de la recherche des images. Ce même garçon me racontait d'ailleurs ouvrir à chaque fois quatre fenêtres simultanément sur son navigateur pour rechercher la bonne vidéo qui le ferait jouir. La montée d'adrénaline n'est pas aussi forte lors d'une relation sexuelle habituelle en couple. C'est la première raison.

Ensuite, il est plus facile et rapide de se donner soi-même du plaisir quand on le désire : pas besoin d'expliquer, de parler, on sait comment faire. C'est la deuxième raison.

Enfin, le porno étale des fantasmes interdits pour l'addict[116]. Pour lui, à 24 ans, c'était les femmes mures à forte poitrine, pour certains, ce sera le sexe en groupe, la domination ou la soumission[117]. Bref, des pratiques que vous refusez au fond de vous et donc dans votre couple. C'est la troisième raison.

Verrouiller ses désirs

Pour tenir bon, une solution consisterait à verrouiller ses désirs. Cela peut être efficace sur le court terme, mais pas sur le moyen ou long terme. En effet, dès que vous aurez une sollicitation extérieure excitante, un rapport sexuel ou un échange avec une fille séduisante, vous

---

[116] Voir p. 22 : « Le fantasme, moteur du porno ».

[117] Un agent de prévention dans le milieu gay des saunas, des clubs, me confiait être atterré de voir que des pratiques comme la sexualité à plusieurs sont désormais banales pour les jeunes de 25 ans qu'il est amené à rencontrer. Tout cela à cause de la déconcertante accessibilité des média pornos.

n'aurez plus qu'une envie selon les cas : (re) faire l'amour dans la foulée ou vous tourner vers le porno ! Vous devez accompagner vos désirs avec souplesse, comprendre vos fantasmes pour les sublimer. Si vous vous crispez et refoulez toute passion, vous cèderez : le roseau ploie, le chêne se brise.

Considérons par exemple les rêves érotiques. Lors de mon sevrage, je faisais parfois tellement d'efforts que je rêvais que je me masturbais devant un porno et j'en venais à culpabiliser dans mon sommeil. Il m'arrive encore de faire ce genre de rêve (alors même que j'ai une vie sexuelle épanouie). En revanche, maintenant, je ne dramatise plus dans mon inconscient, je me dis que j'ai chuté, tant pis, dommage, ce n'est pas grave. Je vais continuer. Quel plaisir, quand je me réveille, de constater que tout cela n'était qu'un rêve ! Ne tirez aucune conclusion de ceux-ci, vous ne les maîtrisez pas, ils reflètent votre subconscient. Vous pouvez essayer l'autosuggestion pour vaguement les orienter, mais je ne suis pas persuadé que le jeu en vaille la chandelle. Acceptez vos désirs et admettez vos fantasmes tout en les maîtrisant.

Se laisser aller à la déprime après quelques jours de sevrage

Il n'est pas rare qu'une personne accro devienne tendue et irritable après quelque temps de sevrage complet. Se joue en elle un véritable combat pour espacer les rechutes. La nature a horreur du vide, cette tension est donc renforcée par l'état de manque ressenti à ce moment-là. Comme Thibault qui m'écrit : « Merci pour la prise de conscience ! Vraiment ! Je ne m'étais pas rendu compte de l'ampleur du phénomène et surtout qu'il s'agissait d'une véritable addiction. Pour donner un exemple, j'ai arrêté de fumer voilà maintenant un peu plus d'un an : je connais donc bien le sentiment de manque que l'on peut ressentir quand on combat une addiction. Et bien, je retrouve les mêmes sensations depuis que j'ai décidé d'arrêter le porno (c'est-à-dire depuis que je suis tombé sur ton site il y a quatre jours). » Si vous ressentez cela, essayez au maximum d'être agréable avec votre entourage, changez vous les idées. Vous chercherez peut-être à compenser à l'aide d'autres produits ou comportements. Ou alors, vous serez tenté de vous laisser aller au *spleen*. Cette déprime a de fortes chances de vous ramener rapidement à la pornographie. Soyez inventif, bottez-vous les fesses, sortez. Pensez à des choses agréables, des sensations éprouvées lors de bons moments de votre enfance. Gardez courage et appuyez vous sur tout ce que vous avez décidé de mettre en place pour rompre avec l'addiction.

Trop compter les jours

Sur les forums, vous trouverez des « compteurs de sevrage ». Ils ont leur utilité au début du parcours. Ils aident à se situer dans une progression, à reprendre confiance en soi. Quand chaque jour (voire chaque heure) est important, il y a lieu de regarder derrière soi pour voir le chemin parcouru. Cependant il n'est pas souhaitable de trop comptabiliser les jours d'abstinence sur le long terme. Si l'on veut s'en sortir, mieux vaut regarder vers l'avant. Je me rappelle qu'au début de mon sevrage, j'étais tendu. Chaque masturbation me déprimait : j'avais le sentiment que ce compteur patiemment construit était à rebâtir de zéro. C'était constater que j'avais lamentablement échoué. Mieux vaut ne pas se crisper, être souple pour ne pas se briser. Au lieu de remettre le compteur à zéro à chaque rechute, je préférais voir les choses en creux : fêter chaque jalon sans rechute (une semaine, deux semaines, un mois, et ainsi de suite). Voyez le positif. Un accident dans le sevrage ne devrait pas remettre à zéro vos compteurs. Le vrai courage, c'est de repartir et de persévérer. Dominique m'expliquait que lui non plus ne compte pas de durée précise : « Je ne compte pas les jours de sobriété. Je ne me focalise pas sur un score qui n'a plus de sens pour moi (ça en a eu au début, ça m'a même aidé, mais plus maintenant). Je ne me juge pas, ne me punis pas, ne me condamne pas. » Ne regardez pas trop loin dans l'avenir (vous pouvez d'ailleurs avoir un accident de la route ce soir), vivez au jour le jour, tranquillement. L'amélioration continue est le but à atteindre.

Vous croire plus fort que vous ne l'êtes

Au bout de deux ans, après un premier déclic, vous irez mieux. Ne vous dites jamais « ça y est, je suis complètement sorti d'affaires ». Tout est dans le « complètement ». Une partie de vous sera toujours un ancien dépendant. Ne tombez pas dans un excès d'optimisme. Rappelez-vous combien la pornographie est un piège pour vous. Ne vous voilez pas la face : vous êtes fragile dans ce domaine et il vous restera toujours une cicatrice, même si elle s'estompe. Plus on tombe dans cet excès d'optimisme, plus la rechute est difficile à vivre.

Il faut franchir plusieurs paliers pour s'en sortir. Le premier a été pour moi d'en parler, le second mon régime et le troisième, des recherches sur l'envers de la pornographie. Un internaute m'écrivait qu'il avait choisi de continuer à regarder du porno en arrêtant la masturbation. Il s'est ensuite rendu compte qu'il ne progressait pas en agissant ainsi. Il a demandé à sa copine de détenir ses mots de passe administrateurs et de contrôle parental. Il s'investit maintenant davantage dans d'autres aspects de sa vie car il a pris des distances vis-à-vis du matériel pornographique. Il a franchi plusieurs paliers de décisions.

Vous croire plus faible que vous ne l'êtes

À l'inverse, ne sombrez pas dans un excès de pessimisme en vous autodévalorisant à la moindre rechute. Ne vous dites pas non plus que vous n'arriverez jamais à vous passer du contrôle parental. À chaque jour suffit sa peine. Il sera toujours temps d'enlever vos béquilles progressivement, plus tard. Rappelez-vous que ce qui compte c'est d'avancer. Comme disait Victor Hugo, « Ceux qui vivent, ce sont ceux qui luttent ; ce sont / Ceux dont un dessein ferme emplit l'âme et le front. / Ceux qui d'un haut destin gravissent l'âpre cime. / Ceux qui marchent pensifs, épris d'un but sublime. »[118] Gardez de vous une juste estime en ne vous réduisant pas à votre addiction. Vous êtes beaucoup plus que cela : un être avec des intérêts autres que la pornographie, aimable et digne d'être aimé. Tournez votre vie vers les autres, ne vous regardez pas dépité, en train de patauger dans la boue. Relevez la tête et continuez avec les moyens que vous avez choisis pour votre lutte. Croyez en votre réussite ! Elle n'aura peut-être pas la forme que vous envisagiez, elle ne viendra peut-être pas aussi vite que vous le pensiez, mais d'une manière ou d'une autre, vous finirez par y arriver.

L'impact sur le couple et la sexualité

La pornographie cherche à tout appréhender de la sexualité alors qu'elle passe à côté de l'essentiel. Elle vous fait croire que vous pouvez posséder l'autre. Quand vous l'aurez laissée de côté, vous comprendrez, vous vivrez

---

[118] VICTOR HUGO, *Les Châtiments*, 1853.

une nouvelle dimension dans votre vie sexuelle active (si vous en avez une), car en fait, « dans la sexualité, donner et prendre ne font qu'un, on donne en prenant et on prend en donnant, dans une rotation infinie de l'avoir et du non-avoir. Et s'il y a toujours quelque chose de l'autre qu'on saisit, il y a aussi quelque chose qui échappe, quelque chose qui reste à désirer. Dans la jouissance, il y a sans cesse un défaut, une absence. »[119] Même si je ne peux pas dire que ma vie sexuelle ait réellement souffert du porno, depuis que j'ai arrêté, celle-ci est transformée. Avant, je sortais frustré des rapports avec ma femme, je me sentais coupable de ne pas être transparent. Aujourd'hui, avoir une relation sexuelle avec elle, c'est le meilleur du meilleur des rêves, j'ai l'impression que je m'envole, je ressens une vraie plénitude. Je suis bien incapable de vous dire si l'on peut généraliser, mais c'est mon expérience en la matière. Je reçois énormément de témoignages de femmes qui me disent que leur vie sexuelle va mieux avec leur conjoint depuis qu'ils ont parlé ensemble et suivi ma méthode : « Depuis qu'on a mis au point un plan de bataille, il est beaucoup moins "pressant", et arrive à tenir jusqu'à six ou sept jours sans câlin sans que cela ne le gêne. Et puis, quand je rentre du travail, je vois que pendant que je n'étais pas là, il s'est occupé en faisant du ménage, de la cuisine, du bricolage… Et quand vraiment il a très envie – notamment quand j'ai mes règles – il m'en parle ou me fait comprendre qu'il aimerait bien quelques caresses ; mais toujours en me disant bien de ne pas me forcer et que si je ne veux pas ce n'est pas grave. »

Avec le temps, vous allez apprendre à canaliser vos

---

[119] MICHELA MARZANO et CLAUDE ROZIER, *Alice au Pays du Porno*, p. 164 *op. cit.* note n° 20 p. 26.

érections, à dompter vos pulsions. Vous imaginerez éventuellement que vous êtes en train de devenir impuissant. Il n'en est rien. Au contraire, c'est l'addiction à la masturbation qui est susceptible de vous infliger des troubles de l'érection.

Si vous avez choisi de faire intervenir votre partenaire dans votre sevrage, vous le verrez, la complicité et la transparence donnent le sourire à qui sait les trouver. Votre capacité au dialogue en sortira grandie. Vous vous assurerez un avenir plus sympa que dans les cris et les incompréhensions. Si votre couple va bien, ne vous reposez pas sur vos lauriers : un couple, c'est *toujours* fragile. Quelles que soient les apparences. Si votre couple bat de l'aile, faites ce que vous pouvez pour lui réapprendre à voler ! Qui plus est, si vous avez des descendants. Je sais pour avoir fréquenté des enfants dont les parents se déchirent que c'est une blessure qui les touche très durement. Lucas 9 ans : « Moi, quand papa et maman se disputent, ça me rend très triste. Quand papa dit du mal de maman, ça me fait beaucoup de peine. Je n'ose pas lui dire. » Ou encore : « L'idéal, ça serait qu'ils s'entendent bien, mais je sais que ce n'est pas possible. » Je crois que c'est possible, à condition de s'y prendre avant qu'il ne soit trop tard. Si vous lisez ce livre, c'est que vous avez l'envie que quelque chose change dans votre vie. Documentez-vous, voyez des professionnels[120], jouez à des jeux de société dédiés[121], etc. Soyez créatif, il y a des tonnes de moyens de renforcer votre couple à moindres frais ! Pré-

---

[120] Consultez des conseillers conjugaux et des sexologues avant d'avoir recours à des avocats !

[121] Comme par exemple « la Boite de Comm' du Couple » qui révolutionnera votre couple ou des jeux de sociétés traditionnels pour passer du temps ensemble.

parez des projets communs comme une activité ou un voyage par exemple[122], intéressez-vous aux activités de votre partenaire et déjà, commencez par essayer de vous coucher à la même heure si vous le pouvez. Réinvestissez-vous dans votre couple, rappelez-vous ses débuts, si besoin, faites-lui du bouche-à-bouche (à votre couple *et* à votre moitié)…

Sachez enfin, si vous êtes célibataire, que votre travail de sevrage prépare le terrain pour une vie de couple épanouie lorsque vous vous lancerez dans l'aventure. La réussite en amour suppose une certaine stabilité, une vie équilibrée. Construisez votre futur dès aujourd'hui.

L'estime de soi

La grande récompense du sevrage, c'est bien sûr l'estime de soi. La fierté d'avoir réussi quelque chose que l'on ne pensait pas réalisable au départ. Jamais je ne me serais cru capable d'arriver là où j'en suis aujourd'hui : libre de ma sexualité, libre de faire ce que je veux de mon sexe sans avoir à le secouer tous les jours. Ça n'a pas changé mes traits de caractère ni ma personnalité. Ça les a révélés. Je suis le même en plus libre et plus heureux.

Il n'y a pas de baguette magique, rien qu'un ensemble de moyens concrets qui, mis bout à bout, sont un atout précieux pour retrouver sa liberté. Rêvez votre vie, et surtout : vivez vos rêves, donnez-vous à fond car vous méritez le bonheur.

Sachez aussi recevoir. Pour vivre pleinement votre nouvelle vie dont la stratégie de sevrage est une des com-

---

[122] Pas besoin de partir loin : un week-end dans la grande ville voisine ou la campagne environnante suffiront à renforcer la complicité.

posantes, il faut vous laisser aimer. C'est loin d'être évident car pour cela il faut s'aimer soi-même ! Or nous l'avons vu, la dépendance focalise votre attention, vous enferme, vous pousse à vous dévaloriser. Pour être heureux, vous devez être fier de vous-même. Pour ce faire, diminuez ce qui vous anesthésie et vous rabaisse, levez les yeux de l'écran, levez la tête. Ce bonheur, nous le cherchons tous. Pour le vivre, trouvez l'amour et donnez-en.

Petit à petit, révélez le positif qui vous habite. Montrez-le. N'ayez pas peur de vous révéler dans votre intimité à quelques personnes choisies avec soin. Mettez votre orgueil dans votre poche et ne craignez pas de vous laisser aimer pour ce que vous êtes vraiment.

Les pistes de réflexion de ce livre devraient vous y aider.

BIBLIOGRAPHIE

MICHELA MARZANO et CLAUDE ROZIER,
Alice au Pays du Porno,
Ramsay, 2005.

WILLIAM LOWENSTEIN,
Ces Dépendances qui nous gouvernent,
Le Livre de Poche, 2007.

DAVID SERVAN-SCHREIBER,
Guérir,
Robert Laffont, 2003.

DR CATHERINE SOLANO et PR PASCAL DE SUTTER,
La Mécanique sexuelle des Hommes,
Pocket, 2012.

MICHELA MARZANO,
La Pornographie ou l'Épuisement du Désir,
Buchet/Chastel, 2003.

JEAN-PAUL BRIGHELLI,
La Société pornographique,
François Bourin Éditeur, 2012.

GÉRARD FELDMANN,
Les Addictions,
Armand Colin, 2011.

ORROZ,
Les Dangers du Sexe sur Internet,
TheBookEdition, 2013.

FLORENCE SANDIS et JEAN-BENOÎT DUMONTEIX,
Les Sex Addicts,
Pocket, 2013.

Dépôt légal : août 2015

Imprimé par Createspace

www.ingramcontent.com/pod-product-compliance
Lightning Source LLC
Chambersburg PA
CBHW072233290326
41934CB00008BA/1273